W0078378

Duftgärten

Einfache Pflanzrezepte zum Nachgestalten

HELGA URBAN

Inhalt

Verführerischer Duft

Einem Garten ohne Duft fehlt etwas Wesentliches: die Seele – oder, weniger prosaisch ausgedrückt, das gewisse Etwas. Er kann noch so gekonnt gestaltet sein und wunderschön aussehen. Es ist ein Bild, ein dreidimensionales zwar, aber eben nur ein Bild. Das kleine bisschen Mehr, das uns dem Paradies ein Stückchen näher bringt, das ist der Duft.

Dabei duften die Pflanzen keineswegs für uns Menschen. Bienen, Hummeln, Schmetterlinge und Nachtfalter werden durch den Duft angelockt und tragen so zur Erhaltung der Art bei. Blattdüfte schützen die Pflanzen durch ihr ätherisches Öl vor dem Austrocknen und auch vor dem Gefressenwerden. In einem Duftgarten ist es auf jeden Fall lebendiger als in einem »normalen« Garten. Duft ist auch ein zusätzlicher Faktor, um auf sich aufmerksam zu machen. Wie sollten sonst besonders kleine, unscheinbare Blüten von den Insekten gefunden werden, wenn nicht durch den Duft? Und sie wollen ja gefunden werden.

Bei der Gestaltung eines Gartens wird der Duft meist nicht mitgeplant. Spielt er keine Rolle oder wird er einfach vergessen? Durch Zufall werden zwar einige Pflanzen duften, weil sie gar nicht anders können. Harmonieren werden sie kaum miteinander. Und Zufallstreffer sind hier äußerst selten. Wenn Sie dagegen den Duft gleich bei der Planung mit berücksichtigen, haben Sie es selbst in der Hand und können die Pflanzen nach Ihren Lieblingsdüften aussuchen.

Harmonie der Düfte

Düfte müssen harmonieren, sonst gibt es einen Missklang, wie in der Musik. Die charakteristischen Düfte von Maiglöckchen und Lilien würden die zarten Düfte von Tulpen und Sommerhyazinthen überlagern. Oder der Schneeball 'Anne Russell' mit seinem ausgeprägten Nelkenduft würde einfach nicht zu einem Fliederduft passen. Rosen und Lavendel dagegen harmonieren in ihrem Duft in idealer Weise. Auch der fruchtige Duft der Orangenblume und die Honigdüfte der Madonnenlilie und der Hosta 'Royal Standard' ergeben ein harmonisches Ganzes.

▌ Blütendüfte werden nicht für uns Menschen hervorgebracht. Wir sind sozusagen die Nutznießer des Zusammenspiels in der Natur.

Vielleicht werden Sie sich wundern, dass bei meinen Gestaltungsvorschlägen die hellen Farben überwiegen – Weiß, Zartgelb, Rosa, Blasslila. Blüten in diesen Farbtönen duften nun einmal am häufigsten. Kräftige Töne wie Rot, Orange, Blau und Violett haben es weniger nötig zu duften. Sie werden von ihren Bestäubern auch so gefunden. Und die Natur macht selten etwas Überflüssiges.

Dagegen mussten sich die Blüten in zarten Tönen etwas »einfallen lassen«, um für Insekten attraktiv zu sein. Eine Möglichkeit, sich in Szene zu setzen und Farbe, Größe und Schönheit in den Schatten zu stellen.

Ein Duft ist längst nicht immer und überall der gleiche. Sein Vorhandensein hängt von vielen Faktoren ab. Er braucht das richtige Klima, um sich zu entfalten – ein warmer, windstiller Spätnachmittag nach einem leichten Regen ist die ideale Bedingung, um im Garten in einen Duftrausch versetzt zu werden. Blattdüfte dagegen brauchen Sonne, Wind und Berührung, um »da« zu sein.

Wo im Garten ein Dufteckchen oder Sitzplatz eingerichtet werden soll, muss deshalb gut überlegt werden. Geschützt und ruhig sollte die Stelle sein – damit die Düfte uns mit ihrem Zauber verführen – zum längeren Verweilen im Garten.

▌ **Wer möchte nicht gerne in dieser Laube träumen, umgeben von duftenden Pflanzen?**

Duftgärten zum Nachmachen

Duft ist nicht greifbar,
Duft ist flüchtig.
Haben Sie Lust, ihn festzuhalten?
Das Ergebnis wird Sie begeistern!

Sonnige Duftterrasse

Die mediterrane Gestaltung wirkt sehr heiter. Die Terrasse in Süd-/Südwestlage schließt direkt an das Haus an. Beide Seiten könnten, je nach Situation, von Mauern, Hecken oder auch von Rasen oder Steinen begrenzt sein.

- An der Hauswand rankt sich an einem Spalier eine duftende Clematis empor.
- Den Mittelpunkt der Rabatte bildet eine Rose, eventuell als Zwergstamm gezogen.

- Die anschließende doppelt so breite Rabatte gibt der Terrasse eine intimere Atmosphäre.
- Die immergrüne Orangenblume sorgt durch ihr schönes, duftendes Laub für einen Ganzjahresaspekt mit Höhepunkten im Frühling und Herbst durch ihre weißen, nach Orange duftenden Blüten.
- Im Sommer liefert der Falsche Jasmin diesen Duft.

Was Sie brauchen

1 1 × **Orangenblume** *(Choisya ternata)*

2 1 × **Clematis** *(Clematis × triternata* 'Rubromarginata')

3 2 × **Lavendel in Weiß** *(Lavandula angustifolia)* z. B. 'Nana Alba'

4 1 × **Rose 'Comte de Chambord'** (Portland-Rose)

5 4 × **Königslilie** *(Lilium regale)*

6 2 × **Buchsbaum** *(Buxus sempervirens)* 'Suffruticosa'

7 2 × **Elfenspiegel** *(Nemesia-*Hybride) 'Fragrant Cloud'

8 1 × **Falscher Jasmin** *(Philadelphus-*Hybride) 'Manteau d'Hermine'

9 10 × **Dichternarzisse** *(Narcissus poeticus)* – hier bereits eingezogen

10 2 × **Sommerhyazinthe** *(Galtonia candicans)*

11 1 × **Hosta** *(Hosta)* 'Royal Standard'

12 1 × **Echter Lorbeer** *(Laurus nobilis)*

13 2 × **Zitrone** *(Citrus limon),* z. B. 'Quattro Stagioni'

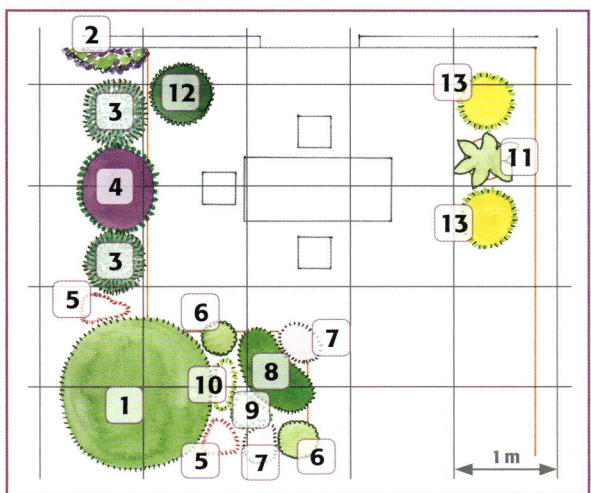

Was Sie auch nehmen können

statt **3** 2 × **Lavendel** *(Lavandula angustifolia)* 'Hidcote Pink', rosafarbene Blüten mit typischem Lavendelduft, hübsche, niedrig bleibende Sorte (40 cm).

statt **4** 1 × **Englische Rose** 'Glamis Castle', große weiße Blütenschale mit einem Hauch Rosa, kräftiger Myrrheduft.

statt **8** 1 × **Falscher Jasmin** *(Philadelphus-*Hybride) 'Dame Blanche', locker gefüllte, weiße, orangenähnlich duftende Blüten, Höhe bis 1,50 m.

■ **Den Traum vom Süden können Sie auch auf der eigenen Terrasse leben, umgeben von exotischen Früchten und Düften.**

Zitronen, Lorbeer und Hostas stehen in mediterranen Terrakottatöpfen. Die Düfte in diesem Vorschlag sind fruchtig, würzig und blumig, die Farben Violett, Rosa und Weiß. Gelbe Früchte kommen hinzu.

Wie Sie pflanzen

Bei dieser Gestaltung habe ich darauf geachtet, dass sich der Aufwand in Grenzen hält, bei der Bepflanzung ebenso wie bei der Pflege. Es erleichtert die spätere Pflege sehr, wenn von vornherein für einen

guten, nährstoffreichen, unkrautfreien Boden gesorgt wird.

Das Spalier für die **Clematis** sollte entweder ganz schlicht und unauffällig sein oder zu den Fenstern und der Tür passen. Da die Clematis im Spätherbst zurückgeschnitten wird, ist es für viele Monate sichtbar.

Die Rabatte ist im schmalen Bereich 50 cm breit, im anschließenden Teil 1 m. Idealerweise wird sie im Frühherbst bepflanzt. Die **Clematis** wird an die Hauswand gesetzt (siehe Seite 6), die **Rose** kommt in die Mitte des schmalen Teils. Auf einem Zwergstamm (50 cm) verleiht sie der Rabatte mehr Höhe. Zu beiden Seiten wird der **Lavendel** gesetzt. Die **Orangenblume** kommt in die Mitte des Winkels, mit genügend Abstand zu der Begrenzung. Sie muss locker wachsen können. Ihr gegenüber wird der **Falsche Jasmin** gepflanzt, der mit der Zeit auch überhängend wachsen wird, eingerahmt von den beiden Buchsbäumen. Die **Narzissen**zwiebeln werden als Tuff in die vorher mit Sand vermischte Erde gesetzt. Da die Pflanzen noch relativ klein sein werden, können die Lücken mit duftenden Schneeglöckchen gefüllt werden.

Im Frühling kommen die Zwiebeln der **Sommerhyazinthe** und der **Königslilien** in die Erde. Auch die **Nemesien** werden im Frühling gepflanzt. Als Sommerblumen sind sie die einzigen Pflanzen, die jedes Jahr erneuert werden.

Wie Sie pflegen

Die **Clematis** wird im ersten Winter 30 cm über dem Boden abgeschnitten, damit sie sich mehrtriebig entwickelt. Bei dieser Art erfolgt ein Rückschnitt in dieser Höhe auch in den Folgejahren.

Die Winterhärte ist gut; in kalten Gegenden kann eine Abdeckung aus Tannenzweigen aber nicht schaden. Das sieht auch hübscher aus.

Auch die **Rose** sollte im ersten Winter geschützt werden. Am empfindlichsten ist die Veredelungsstelle. Bei einer Stammrose ist sie oben unterhalb der Krone. 'Comte de Chambord' und auch die Alternative 'Glamis Castle' sind Rosen, die mit Unterbrechung viele Monate hindurch blühen, allerdings nur, wenn die verwelkten Blüten regelmäßig abgeschnitten werden.

Die gesamte Bepflanzung braucht wenig Dünger. **Rose** und **Clematis** freuen sich aber im Frühling über eine Nährstoffgabe. Die **Clematis** wird erst im dritten Jahr üppig blühen.

Lorbeer und **Zitronen** müssen frostfrei überwintert und auch leicht gegossen werden. Bei einer Temperatur zwischen 5 und 10 °C werfen die Zitronen die Blätter nicht ab und stellen ihr Wachstum nicht ein. Werden sie völlig trocken gehalten, verlieren sie alle Blätter. Das schadet der Pflanze nicht, sie treibt im Frühling wieder freudig aus. Es sieht nur merkwürdig aus, wenn an den kahlen Zweigen die gelben Früchte hängen. Generell gilt: so spät wie möglich hinein, so früh wie möglich hinaus.

Zitrusfrüchte lieben einen lehmhaltigen Boden und sind sehr einfach zu halten. Ist die Überwinterung zu warm, können die Blätter von Schildläusen befallen werden. Sie lassen sich mit einem feuchten Tuch einfach abwischen. Chemische Mittel einzusetzen, hieße mit Kanonen auf Spatzen schießen. Und außerdem lässt sich die ungespritzte, duftende Zitronenschale in der Küche verwenden.

Tipp

Bei den Zitronen lohnt es sich, nach den Sorten 'Quattro Stagioni' oder auch 'Meyeri' zu suchen. Das sind veredelte Pflanzen, die das ganze Jahr über ununterbrochen blühen, duften und große, angenehm süße Früchte tragen.

Romantischer Sitzplatz am Abend

Der am besten geschützte Platz im Garten, von der Abendsonne verwöhnt, sollte für diesen Vorschlag gewählt werden. Hier kann sich die Wärme lange halten – für uns und die abendduftenden Pflanzen die Voraussetzung zum Wohlfühlen. Der Sitzplatz wird im Winkel einer Mauer angelegt, an beiden Seiten durch Rosenbögen begrenzt. So ergibt sich ein lauschiges, intimes Plätzchen.

■ Unter ihnen wachsen eine Rose mit duftendem Laub und ein Geißblatt, das über den Bogen und der Mauer entlang gezogen wird.

■ Eine abendduftende Clematis zieht sich vom Winkel aus über die Mauer.

■ Schmale Beete bieten Platz für Stauden, mit einer Buchskugel in der Mitte.

■ Zwei kleine Töpfe mit je einer Pelargonie, stehen

Was Sie brauchen

1 1 × Italienische Waldrebe *(Clematis viticella)*
'Betty Corning'

2 2 × Buchsbaum *(Buxus sempervirens)*
'Suffruticosa'

3 4 × Nachtviole in Weiß
(Hesperis matronalis var. *albiflora)*

4 4 × sommerblühende Levkoje in Weiß
(Matthiola incana), Ten-Week-Serie

5 4 × herbstblühende Levkoje in Weiß
(Matthiola incana),
East-Lothian-Serie – nicht sichtbar

6 2 × Rose 'Manning´s Blush'
(Rubiginosa-Hybride)

7 2 × Wald-Geißblatt *(Lonicera periclymenum)*
'Graham Thomas'

8 2 × Engelstrompete in Weiß
(Brugmansia × candida), z. B. 'Knightii', gefüllt

9 2 × Pelargonie mit duftenden Blüten
(Pelargonium gibbosum)

10 2 × Elfenspiegel *(Nemesia-*Hybride)
'Fragrant Cloud'

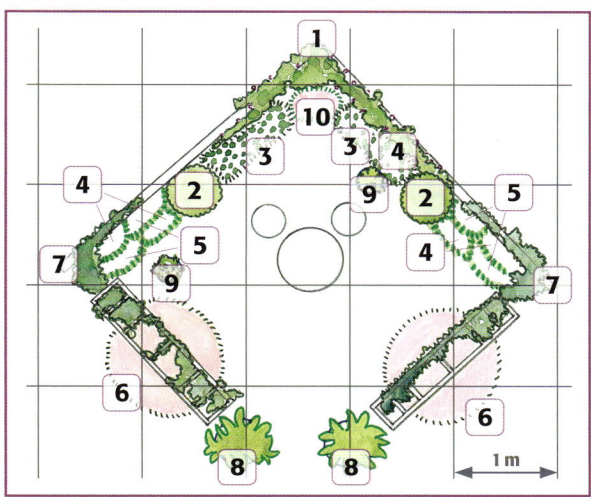

Was Sie auch nehmen können

statt **1** 1 × Echter Jasmin *(Jasminum officinale),*
reinweiße kleine Blüten mit süßem, exotischem Duft,
Höhe bis 10 m, schnittverträglich

statt **5** 2 × Apfelrose *(Rosa rubiginosa)*
'Hebe's Lip', locker gefüllte, rahmweiße Blüten
mit karminrosa Rändern und angenehmem
Moschusduft, nach reifen Äpfeln duftendes Laub.

im Zentrum, zwei größere Töpfe mit je einer Engelstrompete am Eingang.

■ Auf Natursteinen oder Kies lädt ein Bistrotisch mit Stühlen zu einem Gläschen ein.

Die Düfte sind süß, würzig und fruchtig, die Farben Weiß, Zartrosa und Blasslila.

Wie Sie pflanzen

Nachdem die Sitzecke festgelegt ist, werden zwei Rosenbögen (Breite 1,60 m) so aufgestellt, dass ein fast geschlossener Bereich entsteht. Entlang der Mauer wird ein schmales Beet angelegt, ca. 25 cm breit. Unter die Bögen, an der Seite der Mauer, wird je ein **Geißblatt** gepflanzt, das sich dann über den Bogen und die Mauer entlang ziehen lässt.

In den Winkel der Mauer wird die **Clematis** gepflanzt. Die beste Zeit dafür ist August bis Oktober. Bereiten Sie die Pflanzstelle mit Komposterde so vor, dass die Clematis tief in den Boden wachsen kann. Im Frühling werden zwei **Elfenspiegel** davorgesetzt. Sie sehen entzückend aus und duften, und sie schattieren gleichzeitig den Wurzelbereich. Die Clematis 'Betty Corning' blüht ununterbrochen von Juni bis September und entfaltet ihren Jasminduft besonders abends.

Die schmalen Beete werden spiegelbildlich nach dem Plan mit den **Nachtviolen** und den **Buchs**kugeln bepflanzt. Die Buchskugeln bilden das formale Element in der sonst sehr lockeren Gestaltung.

Die beiden **Rosen** kommen in ein gut vorbereitetes Pflanzloch in die Mitte unter die Bögen. Hier können sie sich nach vier Seiten ausbreiten. Ihr nach Äpfeln duftendes Laub ist ein ganz besonderer Genuss am Abend nach einem leichten Regen.

Die **Levkojen** kann man im Früh- und Spätsommer als Pflanzen kaufen. Man kann sie auch im März aus Samen ziehen; die sommerblühenden Sorten stehen

■ **Der schwere, süße, exotische Duft des Echten Jasmins lässt in einer warmen Sommernacht an südliche Gefilde denken.**

nach 10 Wochen in voller Blüte, die herbstblühenden brauchen einige Wochen länger.

Zwei Töpfe mit **Engelstrompeten** flankieren, sobald es warm wird, den Eingang, und die beiden **Pelargonien** mit ihren unscheinbaren, aber umwerfend duftenden Blüten finden einen Ehrenplatz nahe der Sitzgruppe.

Wie Sie pflegen

Diese Gestaltung ist nicht sehr pflegeintensiv. Um nachhaltig Freude zu haben, sollten jedoch einige Dinge beachtet werden. Die **Clematis** wird jedes Jahr im Spätherbst, auch im Jahr der Pflanzung, kräftig zurückgeschnitten (20–50 cm über dem Boden). Sie blüht im nächsten Sommer an den neuen Trieben.

Clematis und **Geißblatt** brauchen ab dem zweiten Jahr eine Rankhilfe. Ob dicker, gespannter Draht, ein fertig gekauftes Rankgerüst oder einige Holzlatten, bleibt Ihnen überlassen. Allzu stabil muss es nicht sein.

Die **Rose** 'Manning's Blush' ist die kleinere Form von der Weinrose *(Rosa rubiginosa)*. Die Knospen der zartrosa gefüllten Blüten sind besonders hübsch. Das Aufregendste ist jedoch das duftende Laub. Deshalb sollte davon so viel wie möglich erhalten bleiben – also kein drastischer Rückschnitt. Die verwelkten Blüten werden abgeschnitten, neue Triebe während des Sommers eingekürzt, sodass eine anmutige Form entsteht.

Die **Nachtviolen** neigen dazu, an der Basis zu verholzen. Sie sollten alle zwei Jahre neu aus Samen gezogen werden; sie säen sich ohne Ihr Zutun fleißig selbst aus. Die **Levkojen** werden jedes Jahr neu gesetzt. Die beiden **Pelargonien** werden im Spätherbst hereingeholt und frostfrei überwintert. Das geht auch auf der Fensterbank, wenn es nicht zu warm und sonnig ist. Diese kleine Rarität kann man dann auch im Winter genießen.

Die **Engelstrompeten** vertragen einen kräftigen Rückschnitt und können im Winter in einer frostfreien Garage oder einem nicht zu warmen Keller verbringen.

Junge Pflanzen sind dankbar, wenn sie jedes Frühjahr in einen größeren Topf (ca. 3 cm Ø mehr) gesetzt werden. In zu kleinen Töpfen können sie während des Sommers nicht genug Wasser aufnehmen.

Tipp

**Engelstrompeten sind durstige Gesellen. Und lassen ihre großen, weichen Blätter beleidigt hängen, wenn es ihnen an Wasser mangelt. Sie erholen sich schnell, wenn Sie schnell reagieren.
An heißen Tagen brauchen sie morgens und abends Wasser, das ruhig kalkhaltig sein darf.**

Duftender Sitzplatz zum Träumen

Dieser Sitzplatz wird am besten vor einer Mauer angelegt, die die Wärme speichert. Das brauchen die Düfte,
um sich richtig zu entfalten. Die Orangenblume mit
ihrem immergrünen, weichen, nach Orangenschalen
duftenden Laub bildet den idealen Hintergrund für
eine nostalgische Bank. Sie ist die höchste Pflanze.
Die Höhe der anderen Pflanzen – wie der Rose 'Buff
Beauty', Lavendel, Lilien und Taglilien, Phlox und Duft-

steinrich – nimmt bis zum Eingang des fast geschlossenen Sitzplatzes ab, sodass eine umhüllende Wirkung
entsteht.

■ Die Beete sind gegengleich angelegt, nach vorne
schmaler werdend.

■ Zwei Buchsbäume zu beiden Seiten des Eingangs,
exakt als Kugeln geschnitten, geben der lockeren
Bepflanzung Halt.

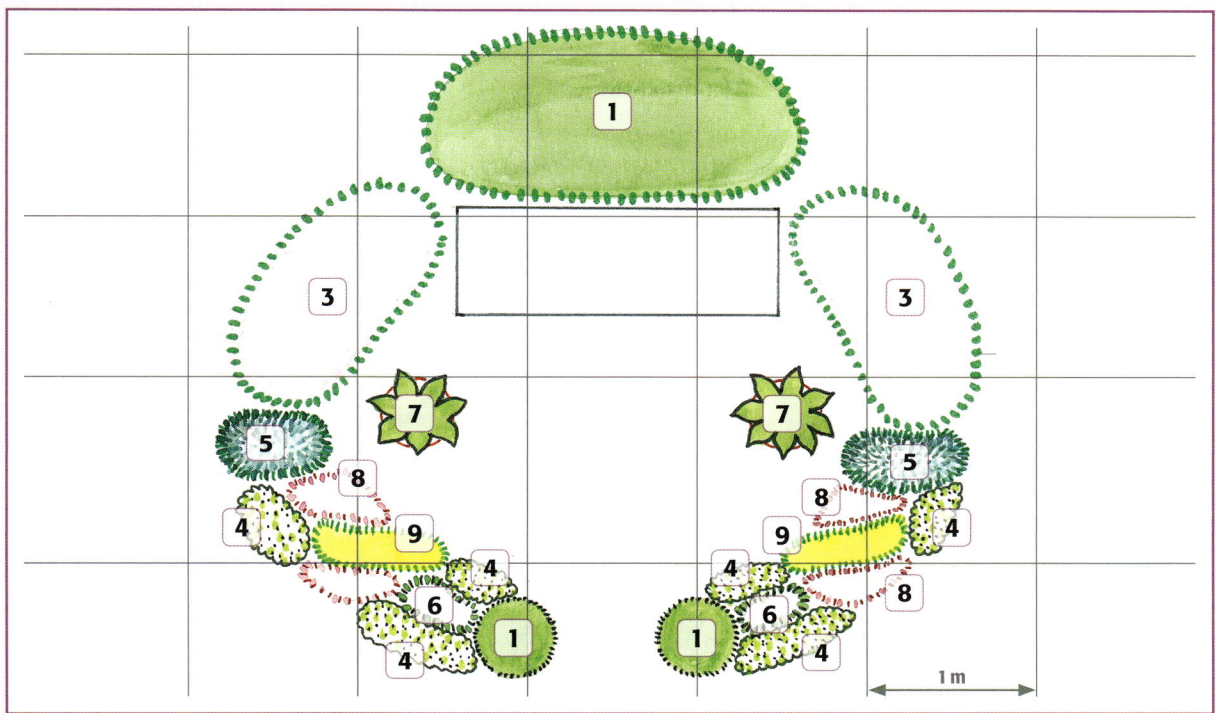

Was Sie brauchen

1 1 × **Orangenblume** *(Choisya ternata)*

2 2 × **Buchsbaum** *(Buxus sempervirens)*,
z. B. 'Suffruticosa'

3 2 × **Rose 'Buff Beauty'** (Moschata-Hybride)

4 8 × **Duftsteinrich** *(Lobularia maritima)*

5 2 × **Lavendel in Weiß** *(Lavandula angustifolia)*
z. B. 'Nana Alba'

6 2 × **Staudenphlox** *(Phlox paniculata)*,
z. B. 'Mia Ruys'

7 2 × **Hosta** *(Hosta)* 'Royal Standard'

8 4 × **Königslilie** *(Lilium regale)*

9 4 × **Gelbe Taglilie** *(Hemerocallis lilioasphodelus)*

Was Sie auch nehmen können

statt **3** 2 × **Romantikrose** 'Felidae' auf Hochstamm (90 cm), öfterblühend, cremegelb-apricot, gefüllte Blüten mit angenehmem Myrrheduft.

statt **6** 2 × **Kugel-Rainfarn** *(Tanacetum niveum)*, winzig kleine, weiße Blüten und aromatisches Laub, bis 50 cm hoch, blüht im Sommer.

statt **9** 4 × **Taglilie** *(Hemerocallis)* 'Gentle Shepherd' mit fast weißen Blüten und süßem Honigduft.

▌ Solch ein Sitzplatz, umgeben von unseren Lieblingsdüften, sollte eine kleine Oase sein – warm und ruhig. Das brauchen die Düfte, um sich richtigt zu entfalten, und wir zum Entspannen.

▌ Zwei alte Tontöpfe mit Hostas sorgen für spätsommerlichen Duft.

Die Düfte rund um diesen Sitzplatz sind fruchtig, blumig und würzig, die Farben Weiß, Creme und Gelb.

Wie Sie pflanzen

Bei der Suche nach dem besten Platz für das Mußestündchen sollte man sich Zeit lassen. Windgeschützt und nach Westen gelegen, wäre ideal. Ist die Mauer

hell, kann man sie dunkler streichen. Dadurch wird die Wärme länger gespeichert.

Die Beete werden ausgemessen und mit einer Schnur oder einem Schlauch markiert, um einen schönen Bogen zu erreichen. An der Mauer sind sie 80 cm breit, nach vorne allmählich schmaler werdend (30 cm).

Der Bodenbelag könnte aus alten Steinplatten bestehen, aus dessen Fugen duftende Kräuter wachsen. Zwergoregano oder Sandthymian (*Thymus serpyllum* 'Albus', eine weiß blühende Auslese) sind dafür gut geeignet. Aber auch ein unempfindlicher Rasen tut seinen Dienst. Etwas Besonderes ist ein Duftrasen, für den sich die blütenlose Römische Kamille *(Chamaemelum nobile* 'Treneague') eignet.

Nun wird als Erstes die **Orangenblume** – mit einem Abstand von 30 cm – vor die Mauer gepflanzt. Als Nächstes kommen die beiden **Buchsbäume** an den Anfang des Beetes. Alle anderen Pflanzen werden zunächst gemäß dem Pflanzplan ausgelegt. So sind noch kleine Verschiebungen ohne großen Aufwand möglich. Die **Rosen** brauchen das tiefste Loch. Bis auf den **Duftsteinrich**, der im späten Frühling gepflanzt wird, und die **Lilien**zwiebeln, die im März in die Erde kommen (drei Mal so tief, wie die Zwiebel hoch ist), pflanzt man alle Arten am besten im Herbst. Zwei **Hostas** setzt man in große Tontöpfe, sie können auch im Winter draußen bleiben.

Wie Sie pflegen

Die **Orangenblume** ist das Pflegeleichteste, was man sich denken kann. Die einzige Aufmerksamkeit braucht sie im Winter, wenn viel nasser Schnee auf ihr liegt. Damit ihre Zweige nicht unter der Last abbrechen, sollte man den Schnee vorsichtig abschütteln.

Die beiden **Buchsbäume** sehen nur gut aus, wenn sie akkurat zu Kugeln geschnitten werden. Das geht am schnellsten mit einem elektrischen Rasenkantenschneider und sollte von Mai bis September etwa alle 6 Wochen durchgeführt werden.

Wenn die abgeblühten Blütenstände des **Phlox** regelmäßig abgeschnitten werden, blüht er fleißig bis in den September hinein.

Passen Sie ein wenig auf die **Lilien** auf, bevor das Lilienhähnchen nichts mehr von ihnen übrig gelassen hat. Das lackrote Käferchen ist leicht zu sehen, lässt

sich absammeln und zertreten. Jegliche Chemie ist hier fehl am Platz.

Die **Moschata-Hybride** 'Buff Beauty' ist eine öfterblühende Strauchrose. Damit sie auch öfter blüht und duftet, müssen die verwelkten Blüten und die abgeblühten Blütenbüschel ständig abgeschnitten werden. Lange Blütentriebe stören das Aussehen des Strauches an dieser Stelle; um eine schöne Strauchform zu behalten, werden sie ebenfalls zurückgeschnitten. Im Vorfrühling werden alle Triebe zur Hälfte eingekürzt. Um eine Verkahlung zu vermeiden, neue Triebe kurz über der Basis abschneiden. Ziel ist ein gewölbter Strauch mit vielen Blüten während des ganzen Sommers.

Eine Frühjahrsdüngung mit Kompost fördert das Gedeihen aller Pflanzen. Selbst im Winter wirkt die Pflanzung nicht trostlos. **Orangenblume** und **Buchsbäume** sorgen für Struktur. Ein Winterschutz aus Tannenzweigen über den Beeten und die beiden Töpfe erfüllt nicht nur seinen Zweck, sondern sieht auch gut aus.

Tipp

Bei einer Herbstpflanzung werden die Rosen »wurzelnackt« sein, also ohne Erde. Eine Hand voll Hornspäne in das Pflanzloch, bedeckt mit Erde, werden die Rosen belohnen. Die Veredelungsstelle muss ca. 5 cm unter die Erde kommen. Im ersten Winter anhäufeln und mit Tannenzweigen abdecken, das tut der Rose gut.

Duftender Vorgarten – eine Visitenkarte

Er soll das ganze Jahr über einladend wirken. Dieser Vorgarten erstreckt sich über die gesamte Hausfront. Der Eingang ist an der Seite, wie oft bei älteren Häusern. Folgende Aspekte sind hier wichtig:

- Die Pflanzenauswahl setzt eine Süd- bis Westlage voraus.
- Der schmale Streifen braucht einen immergrünen Mittelpunkt, der ihn optisch halbiert.

- Für die Fläche zwischen den Pflanzen kann man Rasen oder weiße Kieselsteine verwenden.
- Zwei Rosen auf Hochstamm geben den Hauptsommeraspekt, Zitronen und Lorbeer in Töpfen verstärken das mediterrane Flair.
- Eine immergrüne, im Frühling blühende und eine herbstblühende Waldrebe, die beide duften.

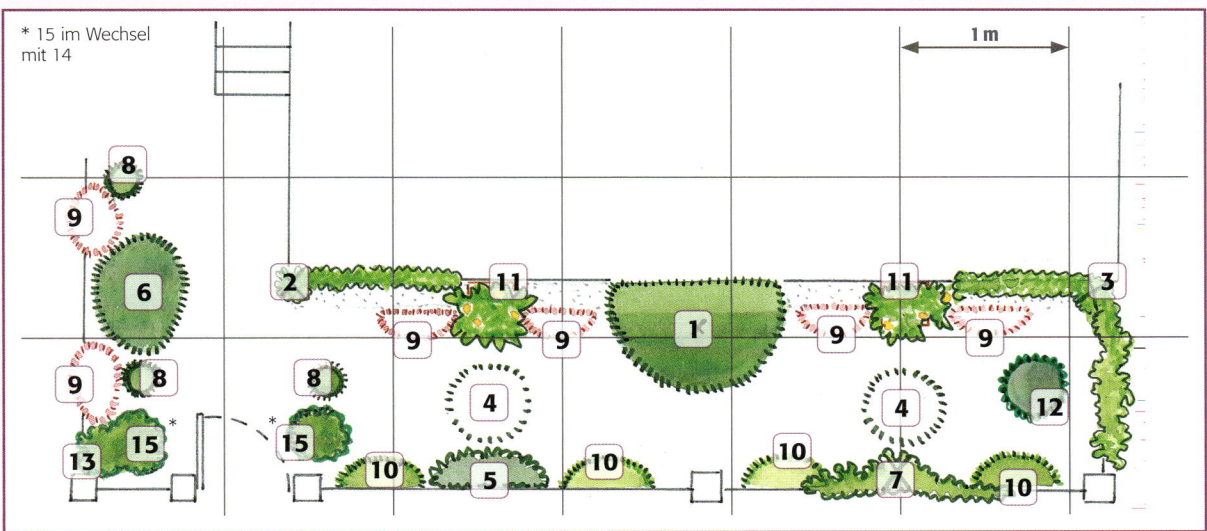

Was Sie brauchen

1 1 × **Orangenblume** (Choisya ternata)

2 1 × **Immergrüne Waldrebe** (Clematis armandii) 'Snow Drift', weiß blühend

3 1 × **Glyzine** (Wisteria brachybotrys) 'Shiro-kapitan'

4 2 × **Rose 'Buff Beauty'** (Moschata-Hybride)

5 1 × **Falscher Jasmin** (Philadelphus-Hybride) 'Manteau d'Hermine'

6 1 × **Falscher Jasmin** (Philadelphus-Hybride) 'Dame Blanche'

7 1 × **Rispenblütige Waldrebe** (Clematis terniflora)

8 3 × **Fleischbeere** (Sarcococca hookeriana var. humilis)

9 12 × **Königslilie** (Lilium regale)

10 24 × **Dichternarzisse** (Narcissus poeticus) – hier bereits eingezogen

11 2 × **Zitrone** (Citrus limon), z. B. 'Quattro Stagioni'

12 1 × **Lorbeer** (Laurus nobilis)

13 1 × **Winterblühendes Geißblatt** (Lonicera × purpusii) 'Winter Beauty'

14 6 × **Maiglöckchen** (Convallaria majalis) – im Wechsel mit **15**

15 2 × **Rosen-Duft-Pelargonie** (Pelargonium × graveolens)

Was Sie auch nehmen können

statt **4** 2 × **Englische Rose** 'Graham Thomas', auf Hochstamm 90 cm. Locker gefüllte, schalenförmige Blüte in sattem, klarem Gelb, mit herrlichem Teerosenduft.

▌ 'Graham Thomas', eine Englische Rose mit frischem Teerosenduft und einem Hauch von Veilchen –
eine Schönheit, die zudem sehr blühfreudig ist.

▌ Zwei Fleischbeeren am Eingang locken mit winterlichen Düften.

Die Düfte sind blumig, fruchtig, weich, würzig und exotisch, die Farben Weiß und Gelb.

Wie Sie pflanzen

Der Vorgarten besteht aus zwei Teilen: dem großen Streifen rechts vom Eingang und der kleinen Randbepflanzung links. Befindet sich der Eingang in der Mitte des Hauses, entfallen die Orangenblume und der linke Seitenstreifen.

Die **Orangenblume** unterteilt den Vorgarten, um ihn nicht so lang wirken zu lassen. Sie ist für diesen Zweck groß genug, braucht keinen Schnitt und wird auch im Alter kein Riese. Der Pflanzabstand zur Hauswand sollte 50 cm betragen.

An beiden äußeren Seiten des Hauses wird ein stabiles Rankgerüst ca. 1 m in die Höhe und dann horizontal unterhalb eventueller Fenster 1,50–2,50 m weitergeführt. Der Abstand zur Wand sollte mindestens 10 cm betragen.

An der linken Hausecke rankt sich *Clematis armandii* empor, die schon im Februar blühen kann und herrlich nach Bittermandeln duftet.

In den Winkel der rechten Seite wird eine kleiner bleibende Glyzine gepflanzt. Sie wird über die Begrenzung

(Zaun oder Mauer) und horizontal entlang der Haus-wand gezogen.

An den Zaun zur Straße werden 4 Tuffs mit je 6 **Nar-zissen** gepflanzt und ein **Falscher Jasmin**, dessen nach Orangen duftende Blüten im Sommer durch den Zaun spitzen werden. Außerdem wird ihn die *Clematis terni-flora* von Mitte September bis in den November hinein mit unzähligen Blüten überziehen.

Zwei gleiche **Rosen** auf Hochstamm, 'Buff Beauty' oder 'Graham Thomas', werden auf einer Linie in die Mitte des Gartens gepflanzt.

Vor den Kiesstreifen setzt man 4 mal je 3 **Königslilien**.

Der unmittelbare Eingangsbereich wird spiegelbild-lich bepflanzt, mit **Fleischbeeren** und – in Töpfen – **Maiglöckchen** und **Duftpelargonien**. Ein größerer **Falscher Jasmin**, **Lilien** und eine weitere **Fleischbeere** wiederholen je nach Bedarf das Pflanzthema.

Wie Sie pflegen

Der Schnitt ist die wichtigste Pflegemaßnahme bei dieser Gestaltung, er ist sozusagen das i-Tüpfelchen der Visitenkarte. Aber er hält sich in Grenzen, wenn man einmal weiß, wie.

'Buff Beauty' und 'Graham Thomas' sind öfterblühende **Strauchrosen,** die nur öfter blühen, wenn regelmäßig die verwelkten Blüten ausgeschnitten werden. Machen Sie sich das bisschen Mühe, zu Ihrer und der Nachbarn Freude. Im Vorfrühling alle Triebe bis etwa zur Hälfte zurückschneiden, dabei immer darauf achten, dass eine gefällige, gewölbte Form entsteht.

Clematis terniflora am Zaun ist frei von jeglichen Krank-heiten, robust und ausgesprochen winterhart. Sie wird in

jedem Jahr, auch im ersten, 20–50 cm über dem Boden abgeschnitten, am besten im Dezember.

Um Freude an Ihrer **Glyzine** zu haben und nicht an einem Blättergewirr zu verzweifeln, sollten Sie Folgendes beachten: Es lohnt sich, nach der Sorte 'Shiro-Kapitan' zu suchen. Sie ist für einen begrenzten Platz ideal und hat den unschätzbaren Vorteil, bereits im ersten Standjahr zu blühen. Sie wird in zwei Richtungen – entlang der Haus-mauer und des Zauns – gezogen. Binden Sie die langen Triebe vor dem Gerüst und dem Zaun fest und lassen Sie sie nicht hindurchwachsen. Sobald die Glyzine in die ho-rizontale Richtung wächst, wird sie anfangen zu blühen.

Die **Zitronen** benötigen höchstens einen Schönheits-schnitt – je mehr Zweige, desto mehr Früchte. Der **Lor-beer** sieht besser aus, wenn er als Kugel geschnitten wird. Beide müssen frostfrei überwintert werden.

Wenn die **Maiglöckchen** abgeblüht sind, werden sie in ihren Töpfen aus dem Boden geholt. Die Lücken füllen **Duftpelargonien**. Im Spätherbst, sobald Frost angesagt wird, kommen wieder die Maiglöckchen an ihre Stelle.

Tipp

Man sollte sich vorher gut überlegen, ob man sich für die Fläche zwischen den Pflan-zen für Rasen oder weiße Kiesel entscheidet. Der Rasen lässt sich nur etwas mühsam und mit dem Rasenkantenschneider kurz halten. Die Kiesel sehen nur schön aus, wenn sie wirklich weiß sind.

Duftendes Kräuterbeet an der Hintertür

Im Allgemeinen wird der Bereich einer Hintertür zum Garten wenig genutzt. Wo er sich doch so herrlich mit Duftpflanzen aufwerten ließe. Hier darf es ruhig etwas lockerer zugehen, und es muss nicht so gestylt aussehen. Bei diesem etwas anderen Kräuterbeet kann je nach verfügbarem Platz der rechte schmale Teil entfallen oder dem linken Teil zugefügt werden, auch mit speziellen Lieblingssträuchern.

■ Alle Pflanzen sind verwertbar: bei der Rose die Hagebutten; Lavendel und Duftpelargonie für Potpourris; Blütenblätter der Lilien und Blüten und Knospen der Taglilien kann man roh oder gedünstet essen; Blätter und Blüten der Indianernessel können für Salate verwendet werden.

■ Alle ausgepflanzten Gewächse sind winterhart.

■ Zwei Buchskugeln flankieren den Eingang.

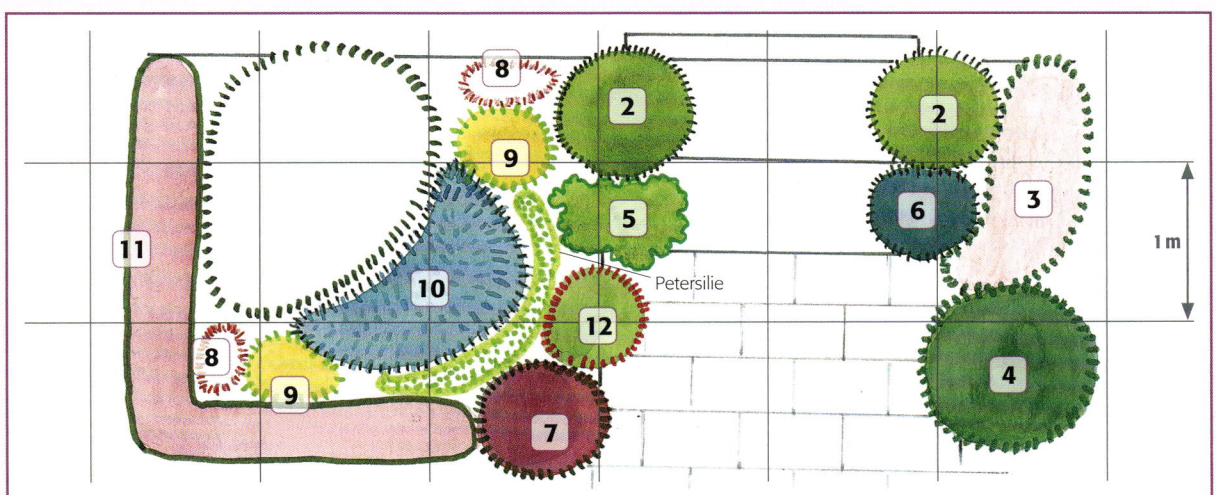

Was Sie brauchen

1 1 × **Rose 'Blanc Double de Coubert'** *(Rugosa-Rose)*

2 2 × **Buchsbaum** *(Buxus sempervirens)* 'Suffruticosa'

3 1 × **Indianernessel** *(Monarda-Hybride), z.B.* 'Croftway Pink' (rosa) 'Alba' oder 'Schneewittchen' (weiß) oder *M. citriodora* (Zitronenduft) bzw. *M. didyma*

4 1 × **Bergbohnenkraut** *(Satureja montana)*

5 1 × **Rosen-Duft-Pelargonie,** z.B. *Pelargonium × graveolens* oder *Pelargonium*-Hybride 'Rober's Lemon Rose'

6 1 × **Rosmarin** *(Rosmarinus officinalis),* rosa blühend, z.B. 'Davor'

7 1 × **Zwerg-Oregano** *(Origanum vulgare* 'Compactum')

8 3 × **Königslilie** *(Lilium regale)*

9 3 × **Taglilie** *(Hemerocallis), z.B. H. lilioasphodelus* (gelb) oder *H. citrina* (Zitronenduft)

10 1 × **Lavendel** *(Lavandula angustifolia)* 'Nana Alba', weiß blühend

11 3 × **Rotblättriger Salbei** *(Salvia officinalis* 'Purpurascens')

12 1 × **Buntblättriger Salbei** *(Salvia officinalis* 'Tricolor')

Eventuell Petersilie als Ergänung in den Lücken

Was Sie auch nehmen können

statt **1** 1 × **Alte Rose** *'Belle Amour',* halbgefüllte rosa Blüten mit auffallenden gelben Staubgefäßen, exotischer Myrrheduft, eiförmige Hagebutten im Herbst, Höhe 1,50 m.

statt **10** 1 × **Lavendel** *(Lavandula angustifolia)* 'Hidcote Pink', rosafarbene Blüten mit typischem Lavendelduft. Nur mit der Rose 'Blanc Double de Coubert' verwenden, da sonst zu viel Rosa.

▌ Inmitten duftender Kräuter auszuruhen gibt neue Energie für die nächste »Ernte«.

Die Düfte sind fruchtig, würzig und süß, die Farben Rosa, Weiß und Gelb sowie purpurfarbenes Laub und im Herbst rote Hagebutten.

Wie Sie pflanzen

Duft, Ernte und Optik müssen einander nicht ausschließen. Im Gegenteil, sie können sich sich in idealer Weise ergänzen. Die Pflanzenauswahl ist lediglich ein Vorschlag. Lassen Sie Ihrer Kreativität freien Lauf und fügen Sie ruhig das eine oder andere Lieblingskraut hinzu.

Das Pflanzloch der **Rose** soll so tief sein, dass sich die Wurzeln gut ausbreiten können und die Veredelungs-

stelle mindestens 5 cm unter die Erde kommt. Eine Hand voll Hornspäne wird zuunterst in das Loch gegeben, dann folgt Erde und erst jetzt wird die Rose gepflanzt.

Alle übrigen Pflanzen bevorzugen einen mageren, eher trockenen Boden.

Der **Lavendel** wird vor die Rose gepflanzt, je 2 Zwiebeln von **Königslilien** und **Taglilien** kommen vor die Hausmauer und je 1 in die Lücke zwischen Rose, Lavendel und Salbeihecke.

Für die **Salbei**hecke reichen 3 Pflanzen. Das sieht zwar anfangs etwas dürftig aus, wird aber schnell zusammenwachsen. Dauert es Ihnen trotzdem zu lange, setzen Sie noch 3 Pflanzen dazwischen.

An die vordere Ecke mit einem **Zwerg-Oregano** schließt sich ein Buntblättriger Salbei an. Der rechte schmale Teil wird mit einer **Indianernessel**, die 60–80 cm hoch wird, bepflanzt.

Die Sorte 'Croftway Pink' hat besonders schöne rosafarbene Blüten, die bis in den frühen Herbst hinein leuchten. Ihr orangeähnlicher Duft ist wunderbar.

Davor wird das niedrig bleibende **Bergbohnenkraut** gepflanzt. Etwas Kalk in die Erde eingearbeitet, ist von Vorteil.

Zwei Töpfe mit **Buchskugeln** flankieren die Treppe. Ist genügend Platz vorhanden, können sie auch ausgepflanzt werden.

Nur die **Duftpelargonie** und der **Rosmarin** müssen in Töpfe gepflanzt werden, sie sind nicht winterhart.

Bis die Pflanzen ihren vorgesehenen Platz ausfüllen, können Sie Kräuter nach Ihrem Geschmack dazwischen pflanzen. Petersilie sieht sehr dekorativ aus, und das einjährige Zitronenbasilikum macht Appetit auf mehr.

Wie Sie pflegen

Diese sehr lockere Gestaltung hat ihren Reiz in der nostalgischen Wirkung. Nehmen Sie es daher nicht zu genau. Sie sollen in erster Linie in Düften schwelgen und ernten.

Bei Bedarf wird im Frühjahr der Boden mit Kalk angereichert. Kräuter fühlen sich in der Regel auf einem mageren Boden am wohlsten.

Auch die **Rugosa-Rose** ist nicht anspruchsvoll an den Boden. Sie hat sehr schönes und sehr gesundes Laub, frei von jeglichen Krankheiten. Wegen ihrer Hagebutten wird im Sommer nicht zurückgeschnitten. Was jedoch regelmäßig abgeschnitten werden sollte, sind die verwelkten Blüten. Nur so wird die Rose unermüdlich blühen. Die Blüten des Spätsommers lassen Sie stehen, sie bilden dann die Hagebutten. Der Rückschnitt erfolgt im Spätwinter, und zwar recht kräftig. So bilden sich junge Triebe von der Basis aus, von denen die äußeren niedrig gehalten werden sollen, damit auch im unteren Bereich Blüten erscheinen.

Der **Rotblättrige Salbei** wird als niedrige Einfassung geschnitten. Der »Abfall« ist nicht nur dekorativ, sondern auch sehr schmackhaft. Das Gleiche gilt für die Sorte 'Tricolor', die mit ihrem weiß-rosa-grünen Laub sehr attraktiv ist.

Das **Bergbohnenkraut** sollte in sehr nassen Wintern mit Zweigen vor zu viel Feuchtigkeit geschützt werden. Es wird im Frühling zurückgeschnitten, damit es schön buschig wird.

Der **Lavendel** braucht von Zeit zu Zeit einen Rückschnitt. Das werden Sie aber ohnehin machen, da die Blütenähren in einem Potpourri oder als Kräuterkissen, Entspannungsbad oder sogar als Tee Verwendung finden. Man schneidet die sich gerade öffnenden Blüten mit dem Stängel ab, bündelt sie und trocknet sie an einem schattigen Ort.

Das Einzige, was selbst in einer so zwanglosen Gestaltung geschnitten werden sollte, ist der **Buchs**. Er sieht zerfranst einfach nicht gut aus, schon gar nicht als formales Element.

Kletterwand in Südlage – Duft selbst im Winter

An einer Südwand am Haus bietet es sich an, duftende Kletterpflanzen hinaufranken zu lassen, um auch im Haus die durchs Fenster ziehenden Düfte genießen zu können.

- Das Geißblatt blüht und duftet – intensiv nach Veilchen – von Dezember bis Februar.
- Die Clematis mit ihrem Bittermandelduft folgt von Februar bis März.
- Die Rose 'New Dawn' blüht den ganzen Sommer hindurch und erfreut mit ihrem fruchtigen Duft.
- Die Moschus-Rose blüht mit süßem Duft als Letzte und überbrückt mit ihren Hagebutten die kurze Zeit bis zur Geißblattblüte.

Die Clematis ist immergrün mit attraktivem Laub und das Geißblatt halbimmergrün – so wirkt die Wand zu keiner Zeit kahl und unattraktiv. Der untere Bereich wird durch

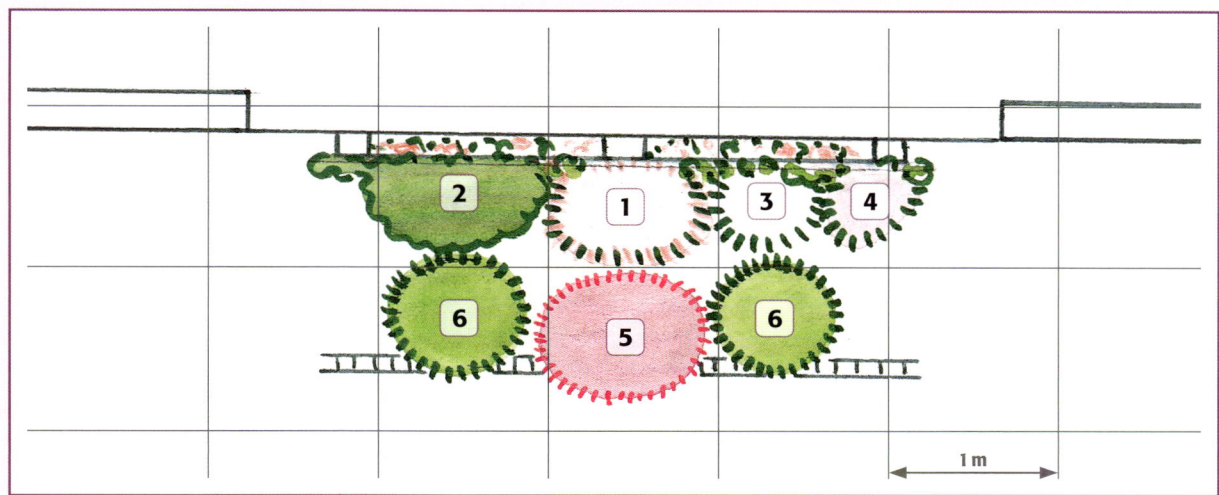

Was Sie brauchen

1 1 × **Rose 'New Dawn'** *(Ramblerrose)*

2 1 × **Winterblühendes Geißblatt**
(Lonicera × purpusii) 'Winter Beauty'

3 1 × **Immergrüne Waldrebe** *(Clematis armandii)*
'Snow Drift', weiß blühend

4 1 × **Moschus-Rose** *(Rosa moschata)*

5 1 × **Lavendel** *(Lavandula angustifolia)*,
rosa blühend, z. B. 'Hidcote Pink' oder
'Loddon Pink', oder 'Nana Alba', weiß

6 2 × **Buchsbaum** *(Buxus sempervirens)*,
z. B. 'Suffruticosa'

Was Sie auch nehmen können

statt **1** 1 × **Noisette-Rose** 'Mme Alfred Carrière',
locker gefüllte Blüten in zartestem Rosa mit
intensivem Teerosenduft, die den ganzen Sommer
über erscheinen

statt **3** 1 × **Immergrüne Waldrebe** *(Clematis
armandii)* 'Apple Blossom', immergrün, zartrosa Blüten
mit Bittermandelduft im Vorfrühling

statt **5** 1 × **Lavendel** *(Lavandula angustifolia)*
'Nana Alba', kompakter Wuchs, weiß, typischer Duft.

■ Ramblerrosen wie hier 'New Dawn' und andere Kletterpflanzen geben einem Haus die persönliche Note – und der Duft weht zum Fenster hinein.

einen Lavendel verschönt, je nach Geschmack in Weiß oder Rosa. Zwei Buchskugeln geben der lockeren Bepflanzung Halt und Ruhe.

Die Düfte sind blumig, fruchtig und süß, die Farben Weiß und Rosa.

Wie Sie pflanzen

Der ideale Platz für die Kletterwand ist zwischen zwei Fenstern. Sie sollte von vornherein sehr stabil aus Metall und fest in der Wand verankert sein. Auch wenn anfangs die Bepflanzung etwas dürftig aussieht, es erspart Ihnen später viel Ärger. Die vier Kletterpflanzen haben,

wenn sie ausgewachsen sind, ein beträchtliches Gewicht. Ein einfaches Holzlattengerüst ist nicht stark genug, und es ist kein Vergnügen, wenn es unter der Last der üppig blühenden Bepflanzung zusammenbricht. Ich weiß, wovon ich spreche, und möchte Ihnen diesen Ärger ersparen.

Das Klettergerüst sollte zum Stil des Hauses passen, es wird die ersten 2–3 Jahre zu sehen sein. Einen Abstand von 25 cm zur Wand sollten Sie einhalten.

Nachdem das Klettergerüst angebracht wurde, kann es ans Pflanzen gehen. Der Herbst ist die beste Jahreszeit dafür. Das Pflanzloch muss nicht allzu groß sein, aber zwei Spaten tief – dicht an der Wand meist eine steinige Angelegenheit. Die zweizinkige Rosengabel kann hier gute Dienste leisten. Die beste Erde, angereichert mit Komposterde oder spezieller Rosenerde und einer Hand voll Hornspänen, ist gerade gut genug.

Zuerst wird die **Rose** 'New Dawn' (oder die Alternative 'Mme Alfred Carrierè') in die Mitte der Kletterwand 30–40 cm von der Mauer entfernt gepflanzt. Links davon wird das **Geißblatt** gesetzt, rechts die **Clematis** und daneben die **Moschus-Rose**. Füllen Sie mit Erde auf und gießen Sie gut an. Wenn sich die Erde nach 1 bis 2 Wochen gesetzt hat, wird vor 'New Dawn' der Lavendel gepflanzt, mit je einer **Buchs**kugel zu beiden Seiten.

Im Pflanzjahr werden die Rosen angehäufelt und für den Winter mit Tannengrün abgedeckt.

Wie Sie pflegen

Für die **Rosen** ist es vorteilhaft, sie waagerecht zu ziehen – das fördert die Blütenbildung und verhindert ein Verkahlen im unteren Bereich.

Bei einer jungen Kletterrose wie 'Mme Alfred Carrière' oder einer Ramblerrose wie 'New Dawn' (Ramblerrosen haben eine Vielzahl sehr langer, biegsamer Triebe) muss das Wachstum der neuen Triebe unterbrochen werden, damit sie im unteren Bereich mehr Triebe und somit auch mehr Blüten hervorbringen. Danach können einige lange Triebe nach oben festgebunden werden, und zwar immer vor dem Gerüst.

Hat die Rose ihre Form erreicht, mit Blütentrieben von unten bis oben, werden jedes Jahr ab dem Frühling die langen, vegetativen Triebe auf die Blütenhöhe eingekürzt. Das kann mehrere Male im Sommer nötig sein. Wie oft und wie üppig die Rose blüht, hängt auch davon ab, wie regelmäßig die verwelkten Blüten entfernt werden.

Bei der Moschus-Rose sollten Sie die abgeblühten Blütenbüschel nicht abschneiden, Sie bringen sich sonst um die entzückenden Hagebutten. Sie fängt erst im Juli an zu blühen, erfreut uns aber mit Blüten bis in den November hinein.

Die **Immergrüne Waldrebe** wird nach dem Anfangsschnitt nicht mehr zurückgeschnitten, man entfernt nur trockene Blätter und die abgeblühten Blütenstände. Achtung: Man schneidet aus Versehen leicht zu viel ab.

Das **Geißblatt** wird höchstens in Form geschnitten, und zwar direkt nach der Blüte.

Die beiden **Buchsbäume** erfüllen an dieser Stelle nur ihren Zweck, wenn sie exakt zu Kugeln geschnitten werden. Der **Lavendel** darf locker wachsen.

So große, üppig blühende Pflanzen auf relativ kleinem Raum brauchen viel Wasser und jedes Jahr im zeitigen Frühjahr Dünger.

Tipp

Achten Sie bei dem Geißblatt unbedingt auf die Sorte 'Winter Beauty'. Diese Auslese hat größere Blüten mit intensiverem Duft und schönerem Weiß. Der deutliche Veilchenduft ist an windstillen Tagen besonders wahrnehmbar.

A Schatten

B Sonne

Ein Duftgarten auf kleinstem Raum

Ob auf einem Balkon, einer Terrasse oder neben der Haustür – ein schön bepflanzter Topf ist immer ein Blickpunkt. Sie werden für diese beiden Vorschläge kein Problem mit der Überwinterung haben. Auch ein Winterschutz ist nicht erforderlich. Vor allen Dingen werden Sie viele Jahre Freude an der Bepflanzung haben ohne ein ständiges Auswechseln. So sparen Sie nicht nur Zeit, sondern auch Geld.

Für beide Pflanzgefäße gilt das Gleiche: Sie müssen ein Abzugsloch haben, das mit einem Tonscherben abgedeckt wird. Dann folgt eine Drainageschicht (Tonscherben, kleine Kieselsteine, Blähtonkügelchen), damit keine Staunässe entsteht. Und damit auch wirklich keine Staunässe entsteht, ist es wichtig, den Topf auf Holzlatten zu stellen. Keinesfalls in einen Untersetzer.

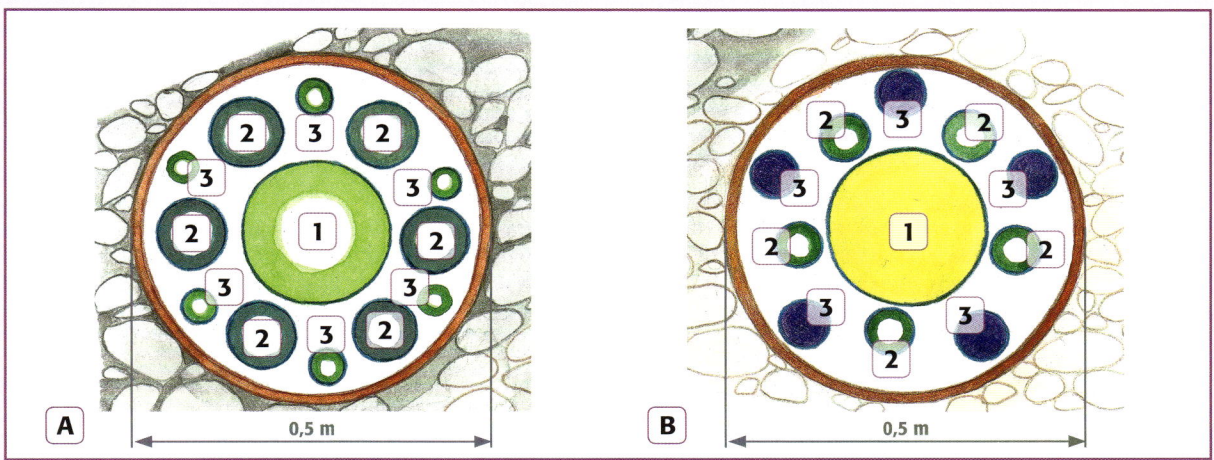

Was Sie brauchen

zu A: Ein Platz im Schatten

1 1 × **Funkie** *(Hosta)* 'Royal Standard'

2 ca. 50 × **Schneeglöckchen** *(Galanthus nivalis)* 'S. Arnott'

3 6 × **Dichternarzissen** *(Narcissus poeticus)*

zu B: Ein Platz an der Sonne

1 1 × **Gelbe Taglilie** *(Hemerocallis lilioasphodelus)*

2 ca. 50 × **Schneeglöckchen** *(Galanthus nivalis)* 'S. Arnott'

3 3 od. 5 × **Duftveilchen** *(Viola odorata)*

Was Sie auch nehmen können

zu A: Ein Platz im Schatten

statt **2** 50 × **Großblütiges Schneeglöckchen** *(Galanthus elwesii)*, großblumig und duftend

statt **3** 10 × **Kleine Netzblatt-Iris** *(Iris reticulata)* 'Violet Beauty', dunkelblau, duftend, blüht im März

zu B: Ein Platz an der Sonne

statt **1** 1 × **Taglilie** *(Hemerocallis)* 'Stella d'Oro', kräftig gelb, gut duftend, blüht früh und lange

statt **2** 50 × **Großblütiges Schneeglöckchen** *(Galanthus elwesii)*, großblumig und duftend

statt **3** 3 × **Zwerg-Wermut** *(Artemisia schmidtiana)* 'Nana'

■ Duftende Schneeglöckchen, fantasievoll und üppig arrangiert.

A Ein Platz im Schatten

Den großen Tontopf (Ø 50–60 cm) können Sie an einen Platz stellen, an dem er keine Sonne bekommt. Die **Funkie** bildet den Mittelpunkt und blüht und duftet von August bis September. Ihr leuchtend hellgrünes Laub erscheint im Mai. Die gesamte Pflanze sorgt bis in den Winter hinein für Struktur. Dann kommen die **Schneeglöckchen.** Sie werden sich mit der Zeit munter vermehren. Bis die Funkie wieder austreibt, fungieren die **Dichternarzissen** als herrlich duftende Lückenfüller. Da es inzwischen eine kleine Auswahl an duftenden Narzissen gibt, lohnt es sich, in Katalogen oder auf Gartenmessen danach zu suchen: z. B. nach 'Acropolis', 'Actaea', 'Hillstar' oder 'Sugarbush'.

B Ein Platz an der Sonne

Bei diesem Vorschlag sollte der Standort sonnig sein, zumindest für einige Stunden am Tag. Den Mittelpunkt bildet hier eine **Taglilie,** im Winter haben wiederum **Schneeglöckchen** ihren Auftritt und in der Übergangszeit sorgen **Veilchen** für Duft.

Wie Sie pflanzen

zu A: Ein Platz im Schatten

In eine gute Erdmischung kommt zuerst die **Funkie,** die mit Blättern und Blüten einen runden Topf ausfüllen wird. Die **Narzissen** werden am Rand verteilt und 10 cm tief gesteckt. Die **Schneeglöckchen**-Zwiebeln werden im ganzen Topf ca. 5 cm unter der Erde verteilt bei einem quadratischen Pflanzgefäß an den Ecken, bei einem länglichen an den beiden freien Seiten.

zu B: Ein Platz an der Sonne

Als erstes wird hier die **Taglilie** in die Mitte des Topfes gepflanzt. Die **Schneeglöckchen** werden wie in obigem Beispiel verteilt und die **Veilchen** kommen an den Rand des Topfes.

Wie Sie pflegen

Die Pflanzen beider Töpfe erfordern nur ein Minimum an Pflege. Natürlich müssen Töpfe gegossen werden, im Sommer sogar regelmäßig, besonders wenn sie in der Sonne stehen. Das Laub der **Schneeglöckchen** wird erst entfernt, wenn es braun geworden ist. Das sieht vorübergehend nicht so schön aus. Die Pflanzen brauchen ihr Laub jedoch zur Ernährung der Zwiebeln, für eine üppige Blüte im nächsten Jahr. Oder wollen Sie Jahr für Jahr neue Zwiebeln kaufen? Das Gleiche gilt für die **Narzissen. Funkie** und **Taglilie** dürfen im Herbst ruhig etwas müde aussehen. Die verwelkten Blütenstängel sollten allerdings der Optik halber entfernt werden. Beide Pflanzen lassen sich gut teilen, wenn sie zu groß geworden sind. **Veilchen** neigen dazu, sich üppig zu vermehren. Lassen Sie nur die stehen, die am Rand des Topfes wachsen.

Mit der Zeit werden sich die Schneeglöckchen munter vermehren – und sich gegenseitig im Wachsen behindern. Dann ist es gut, nach der Blüte einige herauszunehmen und ihnen im Garten, in einem anderen Topf oder auch bei Nachbarn einen neuen Platz zu geben.

Sollte Ihnen die Bepflanzung im Winter doch zu kahl sein, können Sie den Topf mit schönem Tannengrün abdecken. Aber bitte ab Mitte Januar nachschauen, ob die Schneeglöckchen schon kommen. Sie brauchen dann Licht.

Die Wahl der Pflanzgefäße

Sie werden schon gemerkt haben, ich bevorzuge Terrakottatöpfe. Das heißt aber nicht, dass es keine Alternativen gibt.

Relativ neu sind sogenannte **Caststone**-Pflanzgefäße. Sie wirken natürlich, wie Sandstein, ihr Inneres ist aber ein Kunststoffgemisch. Sie sind wetterfest und haben einen großen Vorteil: Sie sind leicht. Ein Abzugsloch ist auch bei ihnen sehr wichtig.

Holz ist ein beliebtes Material. Hier, wie überall, hat Qualität ihren Preis, besonders bei Eiche. Angeboten werden neben Buche und Teak auch die preiswerteren Holzarten Akazie und Lärche.

Für welches Material Sie sich entscheiden, sollte auch davon abhängen, ob in Ihr Ambiente ein eher modernes, ein rustikales oder ein mediterranes Pflanzgefäß passt. Und natürlich von Ihrem Budget.

Tipp

Ich weiß, dass Terrakotta-Töpfe ihren Preis haben. Ich weiß aber auch aus Erfahrung, dass sich gerade bei einer Langzeitbepflanzung diese Investition auszahlt. Bei Pflanzgefäßen, die den Winter über im Freien bleiben, ist es besonders wichtig auf Frosthärte und somit Qualität zu achten.

Duftender Balkonkasten

Nicht jeder hat einen Garten. Aber auch mit einem Balkonkasten und selbst auf der Fensterbank kann man sich herrliche Blüten- und Blattdüfte näher bringen. Dieser Balkonkasten ist so gestaltet, dass er zu jeder Jahreszeit etwas Interessantes bietet, ohne dass die Bepflanzung komplett erneuert werden muss.

- Die Fleischbeere bildet den immergrünen Mittelpunkt. Sie blüht und duftet im Winter.

- Auch der Zwerg-Wermut erfreut mit seinem Laub das ganze Jahr hindurch.
- Duft-Pelargonien, Schneeglöckchen und Maiglöckchen blühen im Wechsel an derselben Stelle.
- Der Honigduft des Duftsteinrichs wird vom balsamischen Duft der Traubenhyazinthen abgelöst.
- Elfenspiegel und Duftsteinrich werden jedes Jahr erneuert. Das ist aber auch schon alles.

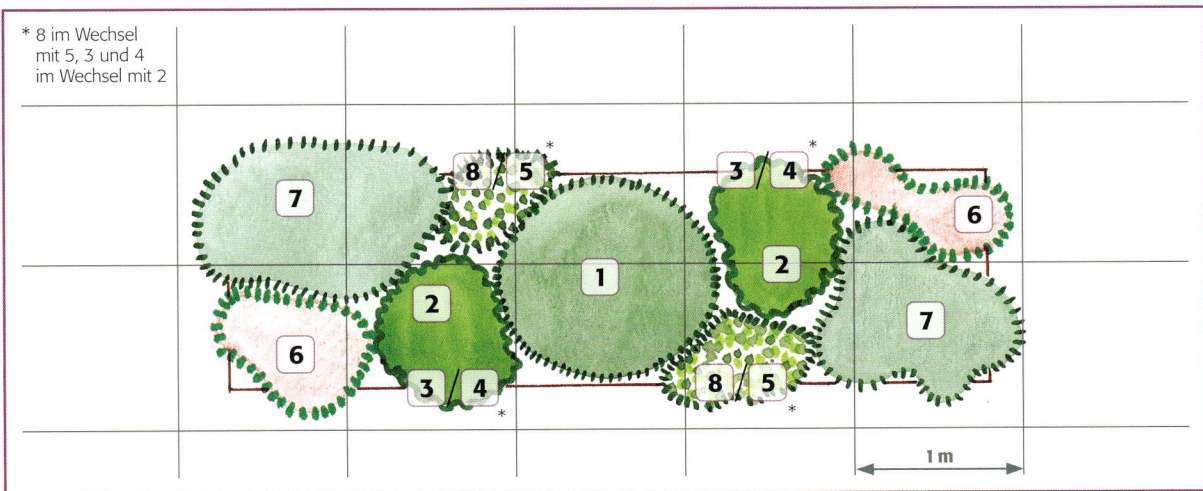

* 8 im Wechsel
mit 5, 3 und 4
im Wechsel mit 2

1 m

Was Sie brauchen

1 1 × Fleischbeere (*Sarcococca hookeriana* var. *humilis*)

2 2 × Rosen-Duft-Pelargonie, z. B. *Pelargonium × graveolens* oder *Pelargonium* 'Robert's Lemon Rose'

3 2 × Maiglöckchen (*Convallaria majalis*) – im Wechsel mit **2**

4 12 × Schneeglöckchen (*Galanthus nivalis*) 'S. Arnott' – im Wechsel mit **2**

5 2 × Duftsteinrich (*Lobularia maritima*)

6 2 × Elfenspiegel (*Nemesia*-Hybride) 'Fragrant Cloud'

7 2 × Zwerg-Wermut (*Artemisia schmidtiana* 'Nana')

8 6 × Traubenhyazinthe (*Muscari macrocarpum*) – im Wechsel mit **5**

Was Sie auch nehmen können

statt **2** 2 × Duft-Pelargonie (*Pelargonium*-Hybride) 'Lilian Pottinger', zartgrüne Blätter mit muskatähnlichem Duft, winzige weiße Blütchen, 20 × 20 cm.

statt **3** 2 × zartrosafarbenes Maiglöckchen (*Convallaria majalis*) 'Rosea' mit nicht so typischem, aber süßerem Duft

statt **7** 2 × Kriechendes Bohnenkraut (*Satureja spicigera*), immergrünes, würziges Laub, kleine weiße Lippenblüten, Höhe 5–10 cm.

▮ Ein Balkonkasten einmal anders – voller Duftpflanzen statt in üppigen Farben von Geranien und Petunien, dezent, aber mit Stil.

Die Düfte sind weich, blumig und süß, die Farben Rosa und Weiß.

Wie Sie pflanzen

Um später viel Freude und wenig Arbeit mit dem duftenden Balkonkasten zu haben, achten Sie bitte auf drei Dinge:

▮ Abzugslöcher im Boden, die mit einer Tonscherbe abgedeckt werden, um das Verstopfen durch Wurzeln zu verhindern,

▮ eine Kiesschicht als Drainage und

▮ eine gute Blumenerde vom Fachhandel.

Nun kommt die immergrüne **Fleischbeere** mit ihrem Honigduft in die Mitte. Es gibt verschiedene Arten mit unterschiedlichen Größen. Kaufen Sie nur *Sarcococca hookeriana* var. *humilis*. *Humilis* bedeutet niedrig, und sie bleibt es auch. Sie wächst ganz von alleine kugelig und braucht deshalb nicht geschnitten zu werden. Je ein **Zwerg-Wermut** wird links und rechts in eine äußere Ecke gesetzt. Und zwar wirklich in die Ecke, damit er anmutig über den Rand fallen kann. Das ist die Bepflanzung, die das ganze Jahr über den immergrünen Aspekt ergibt. Da Sie wahrscheinlich in der zweiten Maihälfte mit der Bepflanzung beginnen werden, kommen zwei süß duftende, zartrosafarbene **Elfenspiegel** an die äußeren Ecken gegenüber des Zwerg-Wermuts. Die **Duft-Pelargonien** mit nach Rosen duftendem Laub werden in ihren Plastiktöpfen schräg zu beiden Seiten der Fleischbeeren gesetzt. Zwei Pflänzchen **Duftsteinrich** mit winzigen weißen, intensiv nach Honig duftenden Blüten füllen die Stellen davor und werden weit über den Rand hängen.

Vergessen Sie nicht, kräftig anzugießen.

Im Spätherbst wird der Duftsteinrich entfernt. Die Zwiebeln der **Traubenhyazinthen** können, sobald sie erhältlich sind, in zwei kleine Töpfchen (jeweils 3) in ein Erd-Sand-Gemisch gesteckt werden. Sie füllen die Lücke des Duftsteinrichs und werden im Frühling blühen und duften.

Auch die **Duft-Pelargonien** werden mit ihren Töpfen herausgenommen; sie müssen frostfrei überwintert werden. **Schneeglöckchen** in ihren Töpfen kommen für den Vorfrühling hinein und werden nach der Blüte durch je einen Topf **Maiglöckchen** ersetzt, bis die Duftpelargonien wieder an der Reihe sind.

Wie Sie pflegen

Immer wenn Sie die Pflanzen austauschen, sollten Sie die Erde auflockern und einen Langzeitdünger einarbeiten.

Die **Fleischbeere** lässt sich, wenn nötig, nach der Blüte gut in Form schneiden. **Elfenspiegel** und **Duftsteinrich** sind jedes Jahr die einzigen Investitionen, die sich aber sehr in Grenzen halten. Achten Sie beim Kauf der **Schneeglöckchen**zwiebeln auf eine Größe von ca. 3 cm. Sind sie kleiner, kann es Jahre dauern, bis sie das erste Mal blühen. Besser ist, sie nach der Blüte als Pflanzen zu kaufen, wenn das Laub noch grün ist. Das ist die beste Zeit, sie zu pflanzen und auch zu teilen,

was für eine schöne Blüte alle drei Jahre nötig ist. Etwas Knochenmehl im Herbst wissen sie zu schätzen.

Duftende Schneeglöckchen und **Traubenhyazinthen** sind kleine Kostbarkeiten und werden von Jahr zu Jahr schöner. Erwarten Sie aber in diesen geringen Mengen keine Duftwolken.

Werden die **Duft-Pelargonien** zu groß, schneiden Sie sie nach dem Hereinholen wieder in die gewünschte Form. Sie bekommen im zeitigen Frühjahr etwas Dünger, werden gut gewässert und treiben schnell wieder aus – um dann in voller Schönheit wieder in den Balkonkasten gesetzt zu werden. Das abgeschnittene, getrocknete Laub verleiht einem Potpourri einen wunderbaren, würzigen Rosenduft.

Ein Schnitt wird nicht jedes Jahr erforderlich sein. Dann können Sie die beiden Duftpelargonien auch innen auf die Fensterbank stellen – sozusagen vor den Balkonkasten.

Lücken lassen sich den Winter über mit Kiefern- oder Tannenzweigen füllen.

Tipp

Es gibt auch duftende Schneeglöckchen, man kann ein Vermögen dafür ausgeben. Wenn man nicht gerade Sammler ist, sollte man sich an erschwingliche Formen halten wie Galanthus elwesii oder an die Sorte 'Samuel Arnott' mit deutlichem Honigduft.

Duftender Rosenbogen – einmal anders

Dieser »Rosenbogen« kann mitten im Rasen angelegt werden – als Abgrenzung für ein lauschiges Plätzchen oder um den Garten durch Unterteilung interessanter zu gestalten. So erstaunlich das klingt, der Garten wirkt dadurch großzügiger – ein Aspekt, der oft vergessen wird.

- Ein Obelisk bildet den Mittelpunkt. Er verleiht der Rosenrabatte Höhe, durch die Bepflanzung mit einer Glyzine ergibt sich ein Frühjahrsaspekt. Im Winter wirkt er durch seine bizarre Form.
- Im Sommer ist dieser Mittelpunkt der ruhende Pol in dem Bogen, dessen Höhe wellenförmig verläuft.
- Die Rose 'Comte de Chambord' sieht auch sehr hübsch auf einem Zwergstamm aus.
- Fleischbeere und zwei Buchskugeln geben der Rabatte auch im Winter einen Halt.

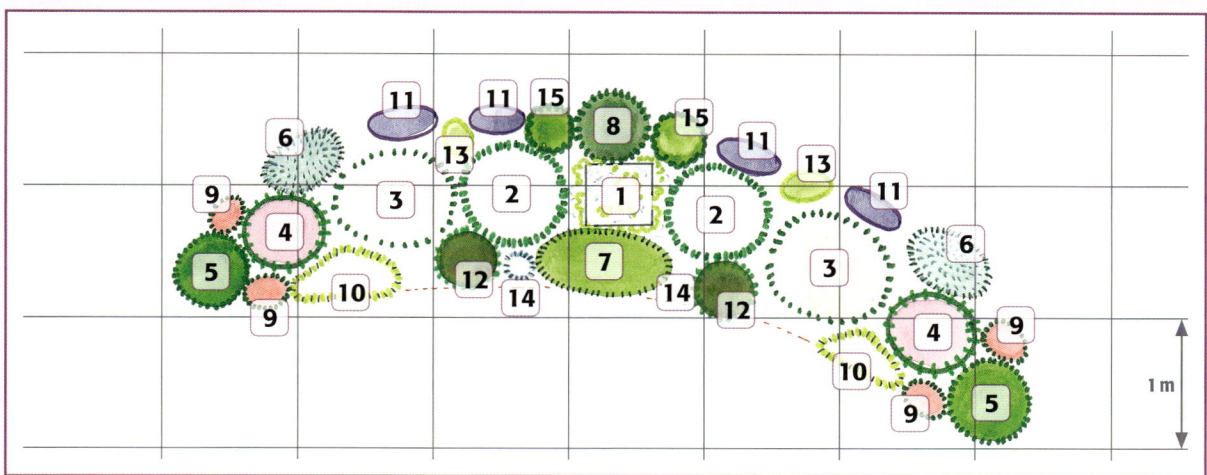

Was Sie brauchen

1 1 × **Glyzine** *(Wisteria brachybotrys)* 'Shiro-kapitan'

2 2 × **Rose** *'Glamis Castle'* (Englische Rose)

3 2 × **Rose** *'Celsiana'* (Damaszener-Rose)

4 2 × **Rose** *'Comte de Chambord'* (Portland-Rose)

5 2 × **Buchsbaum** *(Buxus sempervirens)* 'Suffruticosa'

6 2 × **Lavendel in Weiß** *(Lavandula angustifolia)*, z. B. 'Nana Alba'

7 1 × **Falscher Jasmin** *(Philadelphus-*Hybride) 'Manteau d'Hermine'

8 1 × **Fleischbeere** *(Sarcococca hookeriana* var. *humilis)*

9 4 × **Elfenspiegel** *(Nemesia-*Hybride) 'Fragrant Cloud'

10 12 × **Dichternarzisse** *(Narcissus poeticus)* – hier bereits eingezogen

11 4 × **Duftveilchen** *(Viola odorata)*

12 2 × **Rosmarin in Rosa** *(Rosmarinus officinalis)*, z. B. 'Davor'

13 12 × **Tulpe** *(Tulipa-*Hybride) z. B. 'Peach Blossom' – hier bereits eingezogen

14 4 × **Madonnenlilie** *(Lilium candidum)*

15 2 × **Rosen-Duft-Pelargonie** *(Pelargonium × graveolens)*

Was Sie auch nehmen können

statt **5** 2 × **Kleinblättriger Buchsbaum** *(Buxus microphylla)* 'Curly Lock', ca. 50 cm hoch, kugeliger Wuchs

Rosmarin und Duftpelargonien werden in Töpfen im Boden versenkt und im Winter herausgenommen, um sie frostfrei zu überwintern.

Die Düfte sind lieblich, fruchtig, süß und kräftig, die Farben Weiß, Zartrosa und Kräftigrosa.

Wie Sie pflanzen

Wenn Sie den geigneten Platz im Garten für diesen »Rosenbogen« gefunden haben, gilt es, den Bogen zu formen. Nehmen Sie eine dicke, farbige Schnur oder einen Gartenschlauch zu Hilfe. Der Bogen misst außen 6 m, bei einer Breite von 1–1,50 m ist der Bogen innen entsprechend kleiner; beide Enden werden abgerundet.

Bevor Sie den Spaten ansetzen, betrachten Sie Ihr Werk aus der Entfernung und gegebenenfalls auch aus einem Fenster der Wohnung. Noch ist es leicht, die Form zu verändern.

Die Erde wird tiefgründig gelockert (2 Spaten tief) und mit Komposterde verbessert. Man kann vor der Bepflanzung eine Rasenkantensperre aus Kunststoff entlang des Bogens einarbeiten, das erleichtert die spätere Pflege. Unbedingt nötig ist das allerdings nicht. Nun wird die **Glyzine** genau in die Mitte des Bogens gepflanzt und der Obelisk fest darüber gesetzt. Ein dicker, stabiler Metallpfosten tut es auch.

Rechts und links davon setzt man die **Rosen** 'Glamis Castle', 'Celsiana' und 'Comte de Chambord' und zum Abschluss jeweils eine **Buchskugel**. Legen Sie sich die

■ Ein duftender Rosenbogen kann im Garten zugleich als Schmuckstück und zur optischen Trennung dienen.

Pflanzen erst an die betreffende Stelle, bevor Sie die Löcher graben. Jeweils eine Hand voll Hornspäne in die Pflanzlöcher der Rosen gemischt, wirkt sich positiv auf das Wachstum aus. Wenn Sie sich bei der Rose 'Comte de Chambord' für einen Zwergstamm (50 cm) entscheiden, kommen die Höhenunterschiede noch besser zur Geltung.

Der **Falscher Jasmin** wächst in der inneren Mitte leicht überhängend, die **Fleischbeere** gegenüber ist immergrün und sorgt für winterlichen Duft.

Wie Sie pflegen

Von Zeit zu Zeit müssen die Rasenkanten mit dem Spaten abgestochen werden, um die klare Linie des Bogens zu erhalten.

Falscher Jasmin und **Lavendel** sowie die **Elfenspiegel**, die jedes Jahr im Frühling erneuert werden, wachsen überhängend und dürfen das auch tun.

Der **Rosmarin** und die **Duft-Pelargonien** mit ihrem intensiv nach Rosen duftenden Laub wachsen in Töpfen. Sie werden im Spätfrühling entweder mit den Töpfen im Boden versenkt oder in nostalgischen Gefäßen zwischen die Pflanzung gestellt. Im Herbst, je nach Gegend früher oder später, werden sie ins Haus geholt und frostfrei, aber nicht zu warm überwintert. Die entstehenden Lücken werden mit Tannenzweigen abgedeckt und eventuell im Vorfrühling mit Schneeglöckchen in Töpfen gefüllt. Noch ein Wort zu Rosmarin: ein Formschnitt nach der Blüte besonders in jungen Jahren (des Rosmarins) sorgt dafür, dass sich die Pflanzen buschig entwickeln. Auch verträgt Rosmarin unsere Winter besser, wenn die Pflanzen ein gewisses Alter haben. Wohnen Sie in klimatisch günstigen Gegenden, können Sie den Rosmarin später auspflanzen.

In einer milden Gegend bei einer geschützten Lage kann man den Rosmarin auch auspflanzen und ihm einen Winterschutz aus Tannenzweigen geben.

Etwas Aufmerksamkeit sollten Sie gleich zu Anfang Ihrer **Glyzine** widmen. Sie muss »erzogen« werden. Aus 2 oder 3 kräftigen Trieben wird ein Hochstamm gebildet, indem man sie umeinander dreht oder miteinander verflechtet. Alternativ kann man sie an den Streben des Obelisken in die Höhe führen.

Bis zur endgültigen Höhe werden alle Seitentriebe entfernt. Oben angelangt, formt man die Krone. Die langen, neuen Triebe sollten Sie im Sommer auf 10 cm einkürzen, im Winter, wenn sie ohne Laub ist, nochmals auf 3–4 Knospen zurückschneiden. Diesen doppelten Schnitt sollten Sie jedes Jahr wiederholen, um im Mai viele herrlich nach Vanille duftende Blüten zu erhalten. Der richtige Schnitt ist bei Glyzinen das A und O.

Tipp

Ich habe für die Glyzine bewusst die Sorte 'Shiro-kapitan' gewählt, die nicht so starkwüchsig ist. Sie können genauso gut eine Japanische Glyzine *(Wisteria floribunda)* wählen, sie hat besonders lange Blütentrauben. Achten Sie darauf, keine Sämlingspflanze zu kaufen; es kann 10 Jahre dauern, bis sie sich zu blühen entschließt.

Duftrabatte im Wandel der Jahreszeiten

Der Ganzjahresaspekt ist Thema dieser Duftrabatte. Es gibt immer etwas Interessantes, das blüht und natürlich duftet.

- Die Rabatte kann auch als Hochbeet angelegt werden.
- Bei dieser Gestaltung befindet sich an der Längsseite eine Eibenhecke. Ist stattdessen ein Zaun oder eine Mauer vorhanden, wird zusätzlich eine Clematis ge-

pflanzt, die im Herbst mit ihren unzähligen weißen, kleinen Blüten nicht nur ein außergewöhnlicher Blickfang, sondern auch ein Dufterlebnis ist.

- Struktur geben Orangenblume, Fleischbeere, Falscher Jasmin und der Schneeball.

Der Plan sieht für die vorhandene Fläche sehr voll aus. Aber nur auf dem Papier, denn viele der Pflanzen sind

Was Sie brauchen

Interessant im Frühling (F),
Sommer (S), Herbst (H),
Winter (W)

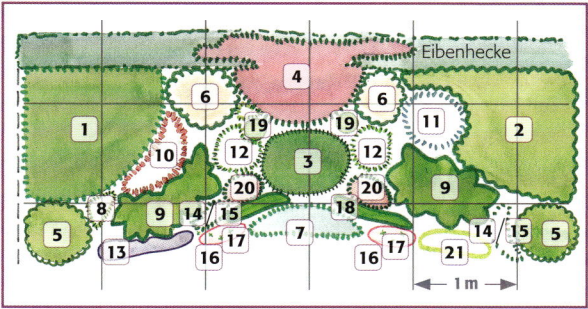

1 1 × **Orangenblume** (*Choisya ternata*) – F/H

2 1 × **Schneeball** (*Viburnum × burkwoodii*)
'Anne Russell' – F

3 1 × **Falscher Jasmin** (*Philadelphus*-Hybride)
'Manteau d'Hermine' – F

4 1 × **Rose 'Mme Isaac Pereire'** (Bourbon-Rose)
– S/H

5 2 × **Fleischbeere** (*Sarcococca hookeriana* var.
humilis) – W

6 2 × **Rose 'Glamis Castle'** (Englische Rose) – S/H

7 2 × **Zwerg-Wermut** (*Artemisia schmidtiana* 'Nana')

8 12 × **Dichternarzisse** (*Narcissus poeticus*) – F,
hier bereits eingezogen

9 2 × **Hosta** (*Hosta*) 'Royal Standard' – S

10 2 × **Königslilie** (*Lilium regale*) – S

11 2 × **Madonnenlilie** (*Lilium candidum*) – S

12 2 × **Nachtviole, weiß** (*Hesperis matronalis*)
'Alba' – S

13 3 × **Duftveilchen** (*Viola odorata*) – F

14 2 × **sommerblühende Levkoje, weiß** (*Matthiola
incana*) Ten-Week-Serie – S

15 2 × **herbstblühende Levkoje, weiß** (*Matthiola
incana*) East-Lothian-Serie – H

16 2 × **Elfenspiegel** (*Nemesia*-Hybride) 'Fragrant
Cloud' – S/H

17 12 × **Traubenhyazinthe** (*Muscari macrocarpum*)
– F, hier bereits eingezogen

18 12 × **Tulpe** (*Tulipa*-Hybride), z. B. 'Peach Blossom'
– F, hier bereits eingezogen

19 2 × **Sommerhyazinthe** (*Galtonia candicans*) – S

20 2 × **Indianernessel** (*Monarda*-Hybriden), z. B.
'Croftway Pink' – S

21 1 × **Staudenphlox** (*Phlox paniculata*), z. B. 'Mia
Ruys' – S

Falls keine Eibenhecke als Hintergrund:
1 × **Rispenblütige Clematis** (*Clematis terniflora =
C. maximowicziana*) – H

Was Sie auch nehmen können

statt **2** 1 × **Schneeball** (*Viburnum × bodnantense*)
'Deben', zartrosa Knospen, weiße Blüten, im Winter mit
marzipanähnlichem Duft, Höhe bis 3 m.

statt **16** 12 × **Wildtulpe** (*Tulipa clusiana*), weiße Blüten mit rosa Streifen und süßem Duft, Höhe 30 cm,
oder Tulpe 'Angelique', weiße Blüten, rosa marmoriert,
süß duftend, spät blühend.

statt **19** 1 × **Staudenphlox** (*Phlox paniculata*)
'Graf Zeppelin', weiß mit rosa Mitte, süßpfeffriger
Duft.

▮ Duftende »Schneebälle« wie diesen *Viburnum × bodnantense* gibt es nicht nur im Winter, sondern auch im Frühling.

nicht das ganze Jahre über zu sehen, wie z. B. Narzissen, Tulpen, Lilien, Phlox, Nachtviolen und Hosta. Und die Rosen fallen im Winter kaum auf.

Die Düfte sind fruchtig, blumig, weich und würzig, die Farben Weiß, Rosa und Violett.

Wie Sie pflanzen

Um die Rabatte so zu gestalten, dass sie das ganze Jahr hindurch, selbst im Winter, ein Blickfang ist, sind relativ viele Pflanzen erforderlich. Sie wirkt zu jeder Jahreszeit anders, und eigentlich müssten vier Pläne gezeichnet werden, um es sich besser vorstellen zu können.

Orangenblume, Fleischbeere und Zwergwermut sind immergrün, aber auch der Schneeball und der Falsche

Jasmin wirken das ganze Jahr durch ihre Struktur. Sie sind das Grundgerüst dieser Rabatte und werden mit den Rosen zuerst gepflanzt. Danach folgen die Zwiebel- und Sommerblumen.

Es blühen und duften:

Im Frühling: Traubenhyazinthen, Narzissen, Veilchen, Tulpen, Schneeball, Falscher Jasmin und die Orangenblume.

Im Sommer: Rosen, Lilien, Nachtviolen, Levkojen, Sommerhyazinthen, Elfenspiegel, Indianernessel, Phlox und die Hostas.

Im Herbst: Orangenblume (Nachblüte), Rosen, Levkojen, Elfenspiegel und gegebenenfalls die Clematis.

Im Winter: Die beiden **Fleischbeeren**. Ihr herrlicher Honigduft ist so überwältigend, dass keine anderen Düfte gebraucht werden.

Die beste Pflanzzeit ist der Herbst. Die Zwiebeln der **Madonnenlilie** werden schon im August gepflanzt und nur 3 cm mit Erde bedeckt; diese Lilie überwintert mit einer hellgrünen Blattrosette, die sehr apart aussieht.

Im Frühling werden dann in die frei gelassenen Stellen – es ist hilfreich, sie sich mit einem Stöckchen zu kennzeichnen – die Zwiebeln der **Königslilien** und der **Sommerhyazinthe**, die **Elfenspiegel** und die sommer- und herbstblühenden **Levkojen** gesetzt.

Wenn die Rabatte länger ist als hier vorgesehen, kann die Pflanzung ganz oder teilweise ab dem Schneeball wiederholt werden.

Wie Sie pflegen

Obwohl in dieser Rabatte viele Pflanzen wachsen, ist der Pflegeaufwand gering.

Im Frühjahr tut eine Bodenverbesserung mit Komposterde der gesamten Pflanzung gut.

Das einziehende Laub der **Narzissen**, **Tulpen** und **Traubenhyazinthen** wird von den benachbarten Pflanzen kaschiert. Wenn Sie bei den **Levkojen** die verwelkten Blüten ausschneiden, blühen sie nach. Die **Veilchen** können mit der Zeit überhandnehmen; versetzen Sie die überzähligen Pflanzen an eine andere Stelle im Garten. Es gibt auch eine weiß blühende Sorte *(Viola odorata* 'Alba') mit zwar süßem, aber nicht so typischem Duft. Dafür benimmt sie sich gesitteter.

Wer **Hostas** im Garten hat, weiß ein Lied von den Schnecken zu singen. Die Sorte 'Royal Standard' ist weniger anfällig. Ich habe kaum Last mit dieser Plage, indem ich die unteren, den Boden berührenden Blätter entferne und als Vorbeugung einige Schneckenkörner um die Pflanze streue.

Bei der **Indianernessel** haben die abgeblühten Blütenstände einen besonderen Reiz. Auch die Samenkapseln der **Lilien** sind im Spätsommer und Herbst sehr dekorativ.

Die **Rosen** fordern allerdings etwas mehr Aufmerksamkeit. 'Mme Isaac Pereire' ist eine Bourbon-Rose mit dicken, gefüllten Blüten, die nach Himbeeren duften. Sie sind am besten zu sehen, wenn die Pflanze als kleine Kletterrose entlang der Hecke gezogen wird. Sie kann über die Hecke wachsen, oder man bindet einzelne Triebe an dickeren Ästen der Hecke fest. Das Schneiden der Hecke ist dann allerdings etwas mühsam und nicht elektrisch durchführbar. Das Ergebnis ist jedoch umwerfend.

Je regelmäßiger im Sommer verwelkte Blüten entfernt und neue Triebe eingekürzt werden, desto mehr neue Blüten bilden sich nach.

Tipp

Möchte man die Rose nicht der Hecke entlang ziehen, ist es besser, statt der Bourbon-Rose die Alba-Rose 'Königin von Dänemark' zu nehmen. Sie wird nicht so hoch, hat gesundes Laub und hübsche, geviertelte Blüten in warmem Rosa mit intensivem Duft.

Süßer Duft auf saurem Boden

Die extravagante Form unterstreicht noch das Beson-
dere dieser Rabatte. Alle verwendeten Pflanzen bevorzugen oder tolerieren einen »sauren« Boden mit einem
pH-Wert unter 7.

▌ Die Rabatte legt man am besten im lichten Schatten
  an.

▌ Sie wird als Dreieck im Winkel einer Hecke oder
  Mauer gestaltet. Ein Vorsprung nimmt ihr die Strenge.

▌ Wenn es die Lage zulässt, bietet sich für diese
  Gestaltung ein Hochbeet an.

▌ Die Höhe der Pflanzen nimmt nach vorne ständig ab.

Dieser Gartenteil ist das ganze Jahr hindurch interessant. Selbst im Winter blüht und duftet es. Die Düfte
sind süß, weich und blumig, die Farben Dunkelrosa,
Zartrosa und Weiß.

Was Sie brauchen

1 1 × **Scheineller**
(Clethra alnifolia)

2 1 × **Rhododendron**
'Raimunde'
(Knap-Hill-Azalee)

3 1 × **Grönländischer Porst**
(Ledum groenlandicum)
'Compactum'

4 1 × **Winterblühendes Geißblatt**
(Lonicera × purpusii)
'Winter Beauty'

5 4 × **Fleischbeere**
(Sarcococca hookeriana var. *humilis)*

6 2 × **Federbuschstrauch**
(Fothergilla gardenii)

7 2 × **Duftende Azalee**
(Rhododendron 'White Lights')

8 2 × **Sommerhyazinthe**
(Galtonia candicans)

9 12 × **Dichternarzisse**
(Narcissus poeticus)

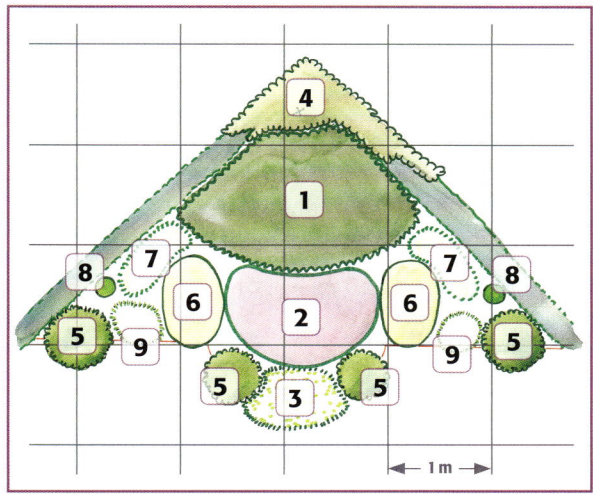

Was Sie auch nehmen können

statt **1** 1 × **Storaxbaum** *(Styrax japonica),* im Frühjahr zart duftende weiße Blüten, eleganter Wuchs, bis 7 m hoch.

statt **7** 2 × **Azalee** *(Rhododendron viscosum)* 'Sommerduft', weiße, zartrosa überhauchte Blüten im Juli mit süßem Duft, Höhe bis 1 m nach 15 Jahren.

statt **9** 12 × **Dichternarzisse** *(Narcissus poeticus)* 'Plenus', herrlich duftende, schneeweiße, gefüllte Blüten.

■ Der Storaxbaum wird auch »Japanisches Schneeglöckchen« genannt – ein entzückender Baum für kleine Gärten.

Das Laub des Federbuschstrauchs leuchtet im Herbst in einer Palette von goldgelb bis Purpurrot auf.

Wie Sie pflanzen

Bei dieser Gestaltung ist die Bodenvorbereitung die erste und wichtigste Maßnahme. Leicht saurer Boden ist Voraussetzung für das Gedeihen der Pflanzung. Ein neutraler Boden hat einen pH-Wert um 7. Wir brauchen aber einen pH-Wert darunter, zwischen 6,5 und 5,5 ist ideal. Man kann den pH-Wert leicht selbst messen. Fragen Sie im Gartenfachhandel nach entsprechenden Test-Sets.

Liegt der Wert nicht im sauren Bereich, was meistens der Fall sein wird, mischen Sie die vorhandene Erde mit Rhododendron- oder Moorbeeterde. Es ist wichtig, dass dieser Gartenteil dauerhaft seinen sauren Boden behält. Das spricht für ein Hochbeet. Entscheidet man sich für ein flaches Beet, grenzen Sie den Bereich in der Erde am besten mit Platten oder sehr fester Folie ab.

Pflanzung nach der Bodenvorbereitung

Ist alles gut vorbereitet, kann es ans Pflanzen gehen, und zwar von hinten nach vorne.

Zuerst wird das **Geißblatt** in die Ecke gepflanzt. Es wird mindestens zweitriebig sein, sodass es gleich nach beiden Seiten geführt werden kann. Davor bekommt der **Scheineller** seinen Platz, im Abstand von ca. 1 m zur Hecke bzw. Mauer. Er wird die Ecke bald ausfüllen und das strukturgebende Element sein.

Rhododendron 'Raimunde' sorgt mit seinem kräftigen Rosaton für Farbe und blumigen Duft im Frühsommer. Nun werden die äußeren Winkel mit den im Winter blühenden **Fleischbeeren** bepflanzt. Die **Sommerhyazinthen** leuchten im Juli vor der dunklen Fläche. Die beiden **Azaleen** 'White Lights' füllen jeweils den Platz vor der Mauer, die beiden **Federbuschsträucher** flankieren den **Rhododendron** 'Raimunde'. Den Mittelpunkt des Vorsprungs bildet der **Porst**. Die Sorte 'Compactum' ist ein immergrüner Zwergstrauch, ca. 40 cm hoch, mit weißen, duftenden Dolden von Mai bis Juni. Zwei weitere **Fleischbeeren** bilden den Übergang zum geometrischen Teil.

Bis auf die beiden Sommerhyazinthen wird die Bepflanzung im Herbst vorgenommen.

Wie Sie pflegen

Da alle Pflanzen einen sauren Boden zum Gedeihen brauchen, ist es wichtig, dafür zu sorgen, dass er auch sauer bleibt. Verwenden Sie möglichst Regenwasser statt Leitungswasser zum Gießen. Wenn es genügend regnet, brauchen wir nichts zu unternehmen. Reicht das nicht aus, legen Sie einige Torfquelltöpfchen für 24 Stunden in eine gefüllte Gießkanne.

Bei der richtigen Bodenbeschaffenheit ist bei dieser Bepflanzung kaum Pflege erforderlich. Das im Herbst herabfallende Laub von **Scheineller** oder Storaxbaum und von den sommergrünen **Rhododendren** ist Winterschutz und später Humus zugleich. Sparen Sie sich

das Aufsammeln. Die beiden **Federbuschsträucher** werden erst sehr spät im Jahr ihre prächtig gefärbten Blätter verlieren.

Geschnitten werden muss kaum. Wenn die schlanken, weißen, süß duftenden Rispen des **Scheinellers**, die von Juli bis September erscheinen, abgeblüht sind, kann man sie der Optik wegen abschneiden. Nötig ist es nicht. Manchmal bildet dieser Strauch Schösslinge. Werden es zu viele, sollten sie entfernt werden.

Auch das Entfernen der verwelkten **Rhododendron**blüten dient dem schöneren Aussehen, aber auch der besseren Blütenentwicklung für das nächste Jahr. Am einfachsten und schnellsten lassen sie sich nach einem Regen mit der Hand abdrehen.

Das verwelkende Laub der **Narzissen** und **Sommerhyazinthen** schneidet man nicht ab. Sobald es von alleine eingezogen ist, lässt es sich aufnehmen. Zugegeben, es sieht nicht so schön aus, aber die Zwiebeln brauchen es, um im nächsten Jahr wieder üppig zu blühen und auch um sich zu vermehren. Mit der Zeit wird es sowieso von den benachbarten Pflanzen verdeckt werden.

Nötig ist es nicht, aber vielleicht finden Sie es schöner, dieses Kleinod im Winter mit Tannen- oder Fichtengrün abzudecken. Die bis zum Frühjahr abgefallenen Nadeln sind hervorragend geeignet, den Boden im sauren Bereich zu halten. Entfernen Sie sie nicht, arbeiten Sie sie leicht ein – etwas Besseres können Sie Ihren Pflanzen nicht bieten.

Eine triste Ecke in ein Highlight verwandelt

Fast jeder Garten hat irgendwo eine Ecke, die nicht sonderlich attraktiv ist und oft schattig bis halbschattig liegt. Eine tolle Möglichkeit, sie zum Blickpunkt zu machen.

▌ Diese Ecke wirkt sehr gut als Hochbeet angelegt.

▌ Zwei Spiegel im Winkel werten die Gestaltung sehr auf und bringen Licht in die dunkle Nische. So können Sie einen kleinen Garten optisch vergrößern.

Denken Sie aber daran, dass sich etwas Schönes spiegelt.

▌ Die immergrüne, duftende **Orangenblume** in der Mitte der Spiegel sorgt für einen Ganzjahresaspekt.

▌ Der **Grönländische Porst** im Vordergrund wird von zwei **Funkien** flankiert, die bis in den September hinein blühen und duften.

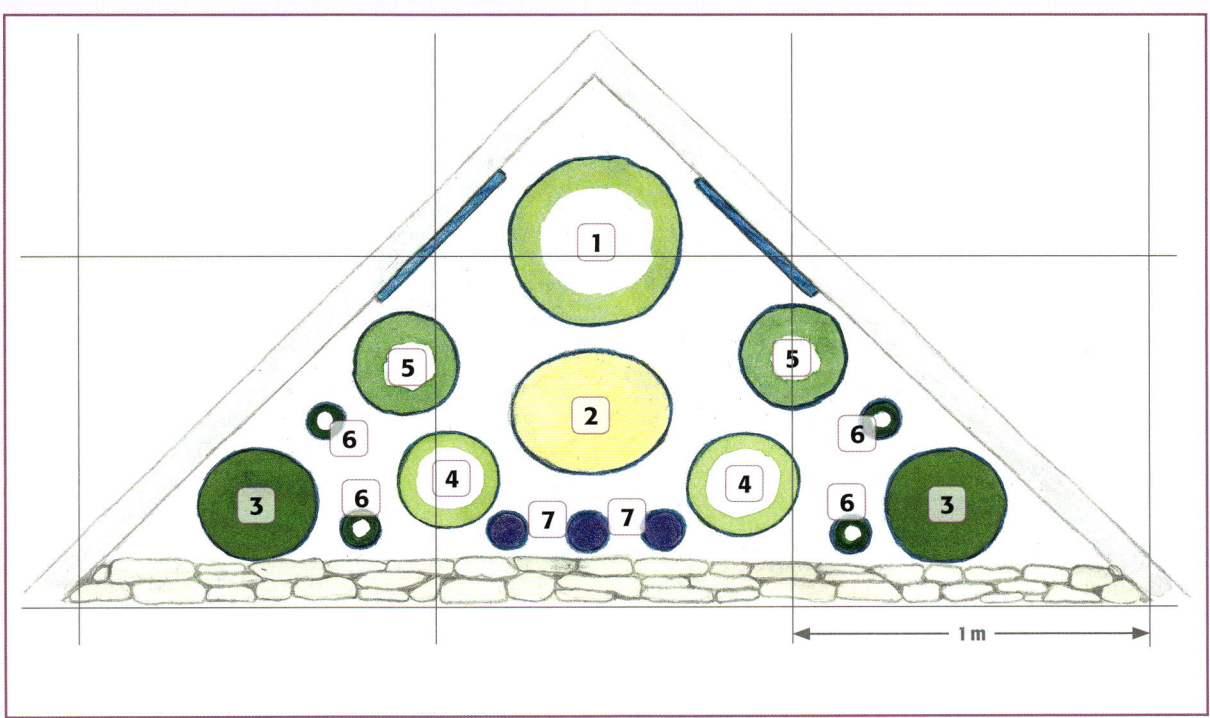

Was Sie brauchen

1 | 1 × **Orangenblume** (*Choisya ternata*)

2 | 1 × **Grönländischer Porst**
(*Ledum groenlandicum*) 'Compactum'

3 | 2 × **Buchsbaum** (*Buxus sempervirens*)
'Suffruticosa'

4 | 2 × **Funkie** (*Hosta*) 'Royal Standard'

5 | 2 × **Winterblühendes Geißblatt**
(*Lonicera x purpusii*) 'Winter Beauty'

6 | 4 × (10–20) **Schneeglöckchen**
(*Galanthus nivalis*) 'S. Arnott'

7 | 3 × **Duftveilchen** (*Viola odorata*)

Was Sie auch nehmen können

Was Sie auch nehmen können

statt **1** **Scheineller** (*Clethra alnifolia*)

statt **3** 2 × **Fleischbeere** (*Sarcococca hookeriana* var. *humilis*)

statt **4** 2 × **Taglilie** (*Hemerocallis*) 'Gentle Shepherd'

■ Zwischen den Spiegeln und den an den Außenecken platzierten **Buchskugeln** sorgen zwei **Winterblühende Geißblätter** mit ihrem intensiven Veilchenduft für ein Dufterlebnis schon ab Dezember.

Schneeglöckchen und **Veilchen** füllen die Lücken der reizvollen, einmal etwas anderen Gestaltung in Weiß und Violett.

Wie Sie pflanzen

Wenn Sie davon ausgehen, dass Ihre Ecke einen rechten Winkel hat und die beiden Seiten ca. 2 m lang sind, setzen Sie zuerst die **Orangenblume** so, dass sie sich mindestens 1 m im Durchmesser ausbreiten kann. Zu beiden Seiten stellen und befestigen Sie die Spiegel. Je ein größerer Stein davor und dahinter gibt zusätzliche Stabilität.

Die **Buchs**kugeln begrenzen die Seiten. Zwischen ihnen und den Spiegeln wird das **Winterblühende Geißblatt** so gesetzt, dass es am Hintergrund eine Stütze findet oder befestigt werden kann.

Der **Porst** und die **Funkien** bilden den Vordergrund. **Schneeglöckchen** (am schönsten als Tuffs von 10–20 Zwiebeln) und **Veilchen** füllen die Lücken.

Der Boden sollte locker, schwach sauer und immer leicht feucht sein.

■ **Auch hier haben Sie das Gefühl, in einen weiteren Gartenraum zu kommen. Mit Spiegeln können Sie tolle Effekte erzielen.**

Wie Sie pflegen

Mit dieser Gestaltung werden Sie nicht viel Mühe in der Folgezeit haben.

Die **Orangenblume** verträgt gut einen Formschnitt, sollte sie zu groß werden. Dieser erfolgt am günstigsten nach der zweiten Blüte im Oktober. Durch die Reduzierung des Laubes verringert sich dann auch die Schneebruchgefahr. In einer sehr kalten Gegend ist **Scheineller** vorzuziehen.

Die kleinen, süß-würzig duftenden cremefarbenen Blütenglöckchen des **Scheinellers**, auch Zimterle genannt, werden Sie von Juli bis September erfreuen. Sie erscheinen in langen, aufrecht stehenden Rispen.

Der Wuchs ist buschig. Nach einem leichten Rückschnitt im Winter ist die Blütenpracht im folgenden Sommer besonders üppig, die einzelne Blüte besonders groß. Spektakulär im viel beklagten Sommerloch, das bei richtiger Planung gar keins sein muss.

Sie brauchen also nicht traurig zu sein, wenn die klimatischen Bedingungen an Ihrem Wohnort für die **Orangenblume** zu ungünstig sind. Die Sorte 'Aztec Pearl' der Orangenblume ist mit ihrem grazileren Erscheinungsbild und den langen, schmalen Blättern bei mir ohne jegliche Laubschäden durch die letzten Winter (bis −15 °C) gekommen. Besser als *C. ternata* mit ihren größeren Blättern.

Damit das **Winterblühende Geißblatt** nicht zu üppig wird, schneiden Sie es nach der Blüte im Frühjahr zurück. Oder holen Sie sich vorher einige blühende Zweige ins Zimmer: Sie werden vom Duft überwältigt sein.

Die Buchskugeln sind die formalen Elemente in dieser Ecke. Sie bleiben es nur, wenn sie einmal im Jahr geschnitten werden: im Sommer, bei trübem Wetter.

Breiten sich die **Schneeglöckchen** zu sehr aus, teilt man sie nach der Blüte. **Veilchen** lassen sich an Stellen, an denen sie sich selbst ausgesät haben, leicht entfernen.

Spiegel im Garten sind etwas Faszinierendes. Achten Sie bitte darauf, dass sie sich nicht in einer »Einflugschneise« von Vögeln befinden.

Übrigens: Es ist überhaupt nicht nötig, die Spiegel dauernd zu putzen. Sie stehen ja nicht bei Ihnen im Schlafzimmer.

Tipp

Die beiden Spiegel sind kein Problem im Garten. Ich weiß das aus Erfahrung. Lassen Sie sie sich vom Glaser nach Ihren Maßen zuschneiden. Wichtig ist, dass Sie eine Befestigungsmöglichkeit (z. B. Zaun, Geländer oder Hecke) einplanen. Als Boden reicht die Erde. Ist eine gewisse Beweglichkeit gewährleistet, werden Sie viele Jahre Freude an den Spiegeln haben.

Früh übt sich ... auch das Näschen

Ein Kinderbeet sollte klein und überschaubar sein, möglichst von zwei Seiten begrenzt. In unserem Fall ist es Teil einer Rabatte, von einem »Rosenbogen« getrennt – aber gut einsehbar, damit man die lieben Kleinen im Blick hat.
Für Kinder ideal sind

■ unempfindliche und ungefährliche Pflanzen, also keine giftigen und stacheligen

■ duftende Blüten und duftendes Laub
■ weiches Laub zum Streicheln
■ kleine Pflanzen.

Kinder dürfen in diesem Beet selbst säen, Zwiebeln stecken und Sträußchen pflücken. Auch zum Naschen ist etwas da. Als Einfassung wachsen Walderdbeeren, unter dem Bogen eine Johannisbeere auf Fußstamm, und

Was Sie brauchen

1 4 × **Zwerg-Wermut**
(Artemisia schmidtiana 'Nana')

2 4 × **Duftveilchen**
(Viola odorata)

3 2 × **Elfenspiegel**
(Nemesia-Hybriden)
'Fragrant Cloud'

4 4 × **Duftsteinrich**
(Lobularia maritima)

5 1 × **Lavendel** *(Lavandula angustifolia),*
z. B. 'Hidcote Blue' (dunkelviolett),
'Munstead' (blauviolett),
'Loddon Pink' (rosa) oder
'Hidcote Pink' (rosa)

6 6 × **Tulpe** *(Tulipa*-Hybriden),
z. B. 'Peach Blossom' –
hier bereits eingezogen

7 1 × **Duftwicken-Samentütchen**
(Lathyrus odoratus),
z. B. 'Apple Blossom' (weißrosa)
oder 'Noel Sutton' (mittelblau)

8 1 × **Immergrüne Waldrebe**
(Clematis armandii),
z. B. 'Apple Blossom'

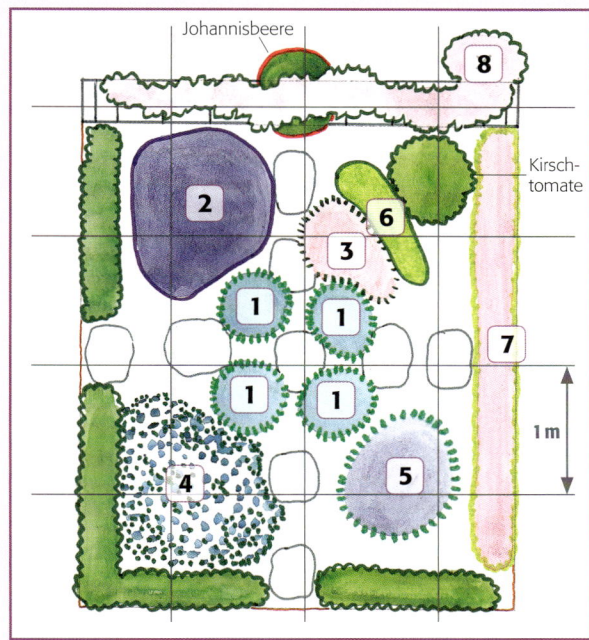

Johannisbeere

Kirsch-
tomate

1 m

Was Sie auch nehmen können

Zusätzlich werden für dieses Kinderbeet benötigt:

4 × **Walderdbeeren** *(Fragaria vesca),* kleine, rote, leckere Früchte, weiße Blüten, treibt fleißig Ausläufer.

1 × **Johannisbeere** *(Ribes rubrum)* auf Fußstamm (40–50 cm), z. B. Sorten 'Rovada', dunkelrot, süß, spät, oder 'Red Lake', rot, mild aromatisch, hoher Vitamin-C-Gehalt, Anfang bis Ende Juli.

1 × **Kirschtomate** *(Lycopersicon esculentum),* kleine, süße Früchte, im Frühjahr überall als Jungpflanze zu kaufen.

auch zuckersüße Kirschtomaten laden zum Ernten ein. Tulpen und die rosa blühende, nach Mandeln duftende Immergrüne Waldrebe locken im Frühling in den Garten.

Die Düfte sind weich und süß, die Farben Rosa, Blau und Weiß. Leuchtend rote Früchte sind der Höhepunkt im Sommer.

Wie Sie pflanzen

Vor dem Pflanzen ist eine gründliche Bodenvorbereitung erforderlich, damit das Gärtnern den Kleinen Spaß macht und die Pflanzen freudig wachsen. Ist der Boden hart und steinig, wird die Begeisterung schnell zu Ende sein. Einige Säcke Fertigerde über verkrustete Erde zu schütten würde nichts nützen. Vielmehr muss der Boden gut und tiefgründig (zwei Spaten tief) gelockert und ausgehoben werden. Eine Kiesschicht zuunterst sorgt für gute Drainage, denn der Boden sollte durchlässig sein – wahrscheinlich werden die kleinen Gärtner zu viel gießen, jedenfalls am Anfang. Auch eine Wurzelsperre rundum (aus Steinplatten, mindestens einen Spaten tief) als Abgrenzung trägt zum Gedeihen auf dem kleinen Beet bei.

Um den Kindern die Freude am Gärtnern näher zu bringen, ist die beste Erde gerade gut genug. Deshalb sollte in die ausgehobene Erde gute Komposterde eingearbeitet werden. Die Kleinen sollen bei den Vorbereitungen ruhig mithelfen.

Der Bogen wird vorher gesetzt. Kleine Trittsteine, am besten selbst gesammelt, teilen das Beet in vier kleine Teile.

Der Herbst bietet sich zum Pflanzen an.

Die **Clematis** kommt an den Bogen, die **Johannisbeere** in die Mitte darunter. **Veilchen**, **Lavendel** und **Zwerg-Wermut** werden gesetzt und die **Tulpen**zwiebeln in die Erde gesteckt.

▍ **Alles will gelernt sein. Auch Pflanzen haben Durst.**

Die **Erdbeeren** bilden den Abschluss. Nun darf das Gießen nicht vergessen werden.

Im Frühling dürfen die kleinen Gärtner die Wickensamen in die Erde stecken, **Elfenspiegel** und **Duftsteinrich** pflanzen und eine leckere **Tomaten**sorte aussuchen.

Wie Sie pflegen

Auch wenn es schwer fällt, man tut der **Clematis** etwas Gutes, sie im ersten November/Dezember einmalig auf 30 cm über dem Boden zurückzuschneiden. Sie verzweigt sich dann besser.

Sind die kleinen Gärtner sehr ungeduldig, kann man die **Duftwicken** im zeitigen Frühjahr vorziehen. Die Samen werden eingeweicht, in Töpfchen mit Erde oder Watte gelegt, feucht gehalten und auf die Fensterbank gestellt (innen). Im späten Frühling setzt man die Pflänzchen ins Freie.

Das verwelkende Laub der **Tulpen** sollte nicht abgeschnitten werden, die Zwiebeln brauchen es als Nahrung. Es wird durch den Elfenspiegel verdeckt.

Erdbeeren und **Veilchen** werden sich schnell durch Ausläufer und Samen vermehren. Mit der Zeit müssen sie reduziert werden.

Sind die **Duftwicken** verblüht und die Pflanzen entfernt worden, können die leeren Stellen später mit den Zweigen des ausgedienten Weihnachtsbaums, dekoriert mit Meisenknödeln, aufgewertet werden.

Die Kinder werden lernen, Verantwortung zu übernehmen. Keine Pflanze wächst, blüht und duftet, wenn sie nicht gegossen wird. Sie hat Durst und Hunger und mag es nicht, weggeschubst zu werden. Deshalb muss der Unterschied zwischen Unkraut und Sämling gelernt werden. Eigenes, kleines Gartengerät sollten die kleinen Gärtner bekommen. Das macht stolz, und eine 10 l Kanne Wasser ist ohnehin zu schwer. Es gibt auch Kinder-Gartenhandschuhe. Je nach Kind mit Blümchen oder zünftig, sind sie besonders beliebt bei den kleinen Gärtnern. Man kann sich damit so wichtig und richtig erwachsen fühlen. Das zeigt die Erfahrung aus der Arbeit mit Enkel- und Grundschulkindern.

Im Spätsommer werden **Lavendel**blüten geerntet. Mit kleinen, selbst gemachten Sträußen oder einem Säckchen mit duftendem Inhalt hat man ein besonderes Geschenk zum Kindergeburtstag. Und wenn man dann noch erzählt, dass die Pflanze im eigenen Beet wächst …

Tipp

Duftwickensorten gibt es viele, die meisten aber duften nur schwach. Besonders schön ist die gefüllte, weiß-rosafarbene 'Apple Blossom' mit wunderbarem Vanilleduft. Wicken sind einjährig. Sie werden jedes Jahr neu aus Samen gezogen.

Eine alte Gartenhütte als Duftlaube

Diese alte Gartenhütte wird fast völlig eingehüllt und in eine romantische Laube verwandelt.

- An der sichtbaren Seite, ideal Süd- oder Westlage, klettern Rambler-Rose und Clematis an einem einfachen Holzgerüst bis über das Dach.
- Die abgewandte Seite wird mit einem sommerblühenden Geißblatt bepflanzt, die Rückseite mit einem winterblühenden.

- Alle vier Kletterpflanzen wachsen auf dem Dach ineinander und sorgen dafür, dass fast das ganze Jahr hindurch duftende Blüten erscheinen.
- Unverwüstliche und leicht zu pflegende Stauden werten den unteren Bereich auf.
- Lediglich zwei Kugelbuchse sorgen für einen ruhenden Pol in der romantischen Bepflanzung. Besonders schön sehen sie in alten Tontöpfen aus.

Was Sie brauchen

1 1 × **Rose** 'Rambling Rector'
(Rambler-Rose)

2 1 × **Waldrebe**
(Clematis × triternata)
'Rubromarginata'

3 1 × **Winterblühendes Geißblatt**
(Lonicera × purpusii)
'Winter Beauty'

4 1 × **Wald-Geißblatt**
(Lonicera periclymenum)
'Graham Thomas'

5 2 × **Lavendel in Weiß**
(Lavandula angustifolia 'Nana Alba')

6 4 × **Taglilie** *(Hemerocallis),*
z. B. *H. lilioasphodelus* (gelb) oder
'Gentle Shepherd' (cremefarben)

7 2 × **Staudenphlox**
(Phlox paniculata),
z. B. 'Mia Ruys'

8 4 × **Nachtviole in Weiß**
(Hesperis matronalis 'Alba')

9 2 × **Buchsbaum** *(Buxus sempervirens)*
z. B. 'Suffruticosa'

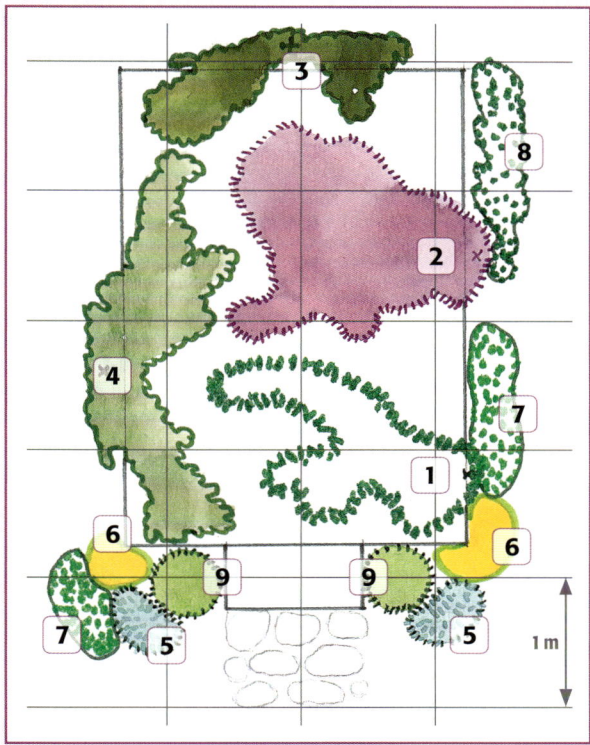

Was Sie auch nehmen können

statt **5** 2 × **Lavendel** *(Lavandula angustifolia)*
'Hidcote Blue', dunkelviolette Blüten mit typischem
Duft, Höhe 40 cm.

statt **7** 1 × **Englische Rose** 'Glamis Castle', große
weiße Blütenschale mit einem Hauch Rosa, kräftiger
Myrrheduft.

statt **9** 1 × **Falscher Jasmin** *(Philadelphus-Hybride)*
'Dame Blanche',
locker gefüllte, weiße, orangenähnlich duftende Blüten,
Höhe bis 1,50 m.

■ **Charmant in Duft gehüllt wird diese Hütte zum Blickpunkt des Gartens.**

Die Düfte sind blumig, süß und würzig, die Farben Gelb, Weiß und Violett. Rote Früchte leuchten im Herbst und Winter.

Wie Sie pflanzen

Eine alte Gartenhütte, eine Garage oder ein Fahrradschuppen sieht in einem Garten meist nicht sehr attraktiv aus. Wie leicht lässt sich ein Schmuckstück daraus machen. Die Gestaltung ist weder aufwendig noch kostspielig. Das einzige, was Sie brauchen, ist ein bisschen Fantasie und Lust zum Experimentieren.

Die am besten sichtbare Seite wird für die Rambler-Rose und die Clematis reserviert. Diese Wand bekommt ein Holzgerüst oder auch nur Latten als Kletterhilfe. Der Abstand zur Wand soll mindestens 10 cm betragen.

Nun wird die **Rose** in ein gut vorbereitetes Loch gepflanzt, nicht zu dicht an der Wand. Ihre Triebe werden ausgebreitet und locker vor den Latten befestigt. Versuchen Sie, diese Rose auf eigener Wurzel zu bekommen. So bleibt Ihnen später das lästige Entfernen von Ausläufern erspart. In einem Abstand von 50 cm daneben wird die **Clematis** gesetzt.

An die anderen beiden geschlossenen Seiten pflanzt man je ein **Geißblatt**. Für sie sind gespannte Drähte ausreichend. Sollte ein Fenster vorhanden sein, lassen sich die jungen Triebe leicht herum ziehen. Das winterblühende Geißblatt duftet intensiv nach Veilchen. Lässt sich an der Rückseite der Hütte nichts pflanzen, können beide Geißblätter an dieselbe Seite gesetzt werden.

Der **Lavendel** kommt zu beiden Seiten des Eingangs an die Ecken, der Buchsbaum steht entweder im Topf auf der Treppe oder wird direkt neben die Treppe gepflanzt.

Die **Taglilien** werden jeweils zu zweien zwischen den Lavendel und die Rose bzw. das Geißblatt gesetzt.

Die ideale Zeit für die Bepflanzung ist der Herbst. Nur die Nachtviolen und der Phlox werden schon im Frühling gepflanzt.

Wie Sie pflegen

Bei dieser Bepflanzung haben Sie mit der Pflege kaum Arbeit. Es darf ruhig etwas verwildert wirken, das erhöht hier noch den Reiz. Und die Düfte von Lavendel und Nachtviolen entfalten sich erst richtig beim Vorbeistreifen.

Die **Rambler-Rose** braucht keinen Rückschnitt, lediglich trockene Triebe werden entfernt. Sie blüht im Mai/Juni, die abgeblühten Blütenbüschel werden nicht abgeschnitten, an ihnen bilden sich im Herbst winzige, sehr dekorative Hagebutten, die bis in den Spätwinter hinein für Farbe sorgen. Jedenfalls solange die Vögel noch etwas von ihnen übrig lassen. Die **Clematis** wird jedes Jahr im Spätherbst bis auf ca. 30 cm über dem Boden abgeschnitten. So wird sie im nächsten Jahr gesund und munter austreiben und besser blühen.

Die beiden **Geißblätter** bindet man, bis sie das Dach erreicht haben, locker an ihrer Kletterhilfe fest. Sollten sie zu üppig werden, kann man sie nach der Blüte von unten her auslichten. Das wird besonders bei der winterblühenden Art alle drei Jahre nötig sein.

Phlox und **Nachtviolen** blühen fleißig nach, wenn die verwelkten Blütenstände entfernt werden. Lässt man die Spätsommerblüten der Nachtviolen stehen, säen sie sich selbst für das nächste Jahr aus. Im Frühjahr können Sie dann entscheiden, ob Sie die Pflänzchen an der Stelle stehen lassen oder ob Sie sie versetzen wollen.

Der **Lavendel** darf ohne Schnitt wachsen, nur die Blütenstände würde ich von Zeit zu Zeit für ein Potpourri »ernten«. Selbst das im Spätsommer verwelkende Laub fällt an dieser Stelle kaum auf. Einzig und allein die beiden **Buchskugeln** sollten wirklich wie Kugeln aussehen.

Jedes Frühjahr eine Düngung mit Komposterde und Wässern in trockenen Sommern sind die einzigen regelmäßig wiederkehrenden Arbeiten. Ein Winterschutz ist nicht notwendig.

Tipp

Kommen Sie auch im Winter häufig an der Laube vorbei, ist eine Fleischbeere *(Sarcococca)* mit ihrem umwerfenden Winterduft dem Buchs vorzuziehen.

Praxis
Duftgärten

Probieren geht über Studieren.
Probieren macht Spaß.
Noch mehr Spaß macht es,
wenn Sie das eine oder andere beachten.

Duftpflanzen richtig pflegen

Duftpflanzen sind etwas ganz Besonderes, und zwar in vielerlei Hinsicht! Nicht, dass sie anders gepflanzt, gewässert oder geschnitten würden als die große Zahl der nicht duftenden Pflanzen auch.

Duft ist noch lange nicht Duft. So unterschiedlich, wie die Menschen sind, so unterschiedlich werden sie die Düfte empfinden. Was für den einen himmlisch ist, kann für einen anderen vielleicht mit unangenehmen Erinnerungen verbunden sein und instinktiv abgelehnt werden.

Der richtige Standort

Auch der Duft selbst ist abhängiger von äußeren Einflüssen, als man denkt. Er braucht ein ganz bestimmtes **Klima,** um sich richtig entfalten zu können, sozusagen eine »Duftatmosphäre«. Windstill, warm – aber nicht heiß –, feucht – nach einem leichten Regen –, am späten Nachmittag bei leicht bedecktem Himmel, das sind die idealen Bedingungen.

Das Wetter können wir nicht ändern, aber wir können und sollten einen **Standort** aussuchen, an dem sich die Pflanzen wohl fühlen und uns in ihren Düften schwelgen lassen. Durch Mauern, Zäune oder Hecken lässt sich ein Kleinklima schaffen, das nicht nur den Duft zur Vollendung bringt, sondern ihn auch einfängt und festhält. Und noch eines: In unserem durch Hecken geschützten Garten liegen die Temperaturen

▌ Im Duftgarten darf eine Sitzgelegenheit nicht fehlen. Nur so kann man die Welt der Düfte auch richtig genießen.

1 bis 2 °C höher als in den Nachbargärten. Das können im Winter die entscheidenden Grade sein.

Auch die **Bodenbeschaffenheit** spielt eine größere Rolle, als man denkt. Der Duft einer Rose beispielsweise kann auf einem schweren Lehmboden ein ganz anderer sein als auf einem leichten Sandboden.

Pflanzdichte

Bei meinen Gestaltungsvorschlägen habe ich die **Mengen** so angegeben, dass die Pflanzen Platz haben, sich zu entwickeln – und nicht nach drei Jahren viel zu dicht stehen, sich gegenseitig behindern und überwuchern und zum Teil wieder herausgenommen werden müssen. Das ist überflüssige Arbeit und auch unnütze Geldausgabe.

Zugegeben, das sieht anfangs oft etwas dürftig aus. Leere Stellen lassen sich jedoch mit Ein- oder Zweijahresblumen – wie Duftsteinrich, Duftwicken, Goldlack, Kapuzinerkresse oder Kräutern – ganz nach Belieben füllen; oder mit Pflanzen in Töpfen, die sich überall dort hinstellen lassen, wo noch eine Lücke ist.

Das Leben ist zu kurz, um sich mit Nachbarn zu streiten. Welcher **Grenzabstand** einzuhalten ist, hängt

❚ Der warme, süßwürzige Duft des Goldlacks harmoniert wunderbar mit seinen satten Farben.

▮ Die Tulpe 'Peach Blossom', eine alte Sorte mit herrlichem Duft.

▮ Auch eine Tulpe ('Sorbet'), die jedoch ganz ohne Duft ist.

▮ 'Mme Hardy', eine Damascena-Rose mit wunderbarem, feinem Duft.

▮ 'Frau Karl Druschki', eine Schönheit ohne Duft und somit ohne Seele.

von der Größe der Bäume, Sträucher und Kletterpflanzen ab. Erkundigen Sie sich im Internet über das Nachbarschaftsrecht in Ihrem Bundesland.

Duftend oder nicht?

Die Qual der **Sortenwahl** habe ich Ihnen abgenommen. Was ich Ihnen nicht abnehmen kann, ist das Einkaufen. Lassen Sie sich nicht überreden, eine andere Sorte zu nehmen, nur weil vielleicht der eine Anbieter sie nicht führt. Längst nicht alle Duftwicken duften wirklich, nur wenige Tulpen haben einen Duft, noch dazu rosafarbene; die Engelstrompete 'Knightii' duftet nicht nur besonders exotisch, sie hat auch eine entzückend gefüllte Blüte, bei der Geißblattsorte 'Winter Beauty' sind die Blüten schöner, größer, weißer und intensiver duftend als bei der einfacheren *Lonicera* × *purpusii,* usw. Selbst bei den Rosen gibt es viel zu viele nicht duftende Sorten.

Ich habe die schönsten Sorten mit dem bezauberndsten Duft für Sie ausgesucht. Es wäre doch schade, wenn Sie einfach irgendeine Pflanze nähmen und dadurch nicht in den Genuss eines noch herrlichen Duftes kämen. Außerdem macht es Spaß, gezielt nach einer bestimmten Sorte zu suchen, sie zu bestellen und sich schicken zu lassen (siehe Seite 92). Und das Warten wird belohnt!

Weniger ist mehr

Das ist jetzt vielleicht ein gutes Beispiel für meine **Mengenangaben.** Die Orangenblume kann nach 3 bis 5 Jahren einen Platz von ca. 1 m² einnehmen. Das junge Pflänzchen dagegen wirkt dort geradezu lächerlich. Trotzdem wäre es falsch, 10 Orangenblumen dorthin zu setzen, das wären 9 zu viel. Verwenden Sie als Zwischenlösung die bereits erwähnten Ein- und Zweijahresblumen oder kurzlebige Stauden und Sträucher

▌ Die weißen Trompeten der Königslilie erfreuen uns mit ihrem herrlich fruchtigen Duft.

▌ Die Samenkapseln der Königslilie haben ihren eigenen Charme.

❚ So vermehrt man durch Stecklinge – hier die Orangenblume *(Choisya ternata)*: Ein Zweig der Orangenblume wird im August sauber abgeschnitten.

❚ In einer dunklen Flasche mit Wasser wird er hell und warm gestellt. Vergessen Sie nicht, Wasser nachzufüllen.

❚ Nach ca. 6 Wochen haben sich die ersten Würzelchen gebildet.

❚ Nach weiteren 6 Wochen kann getopft werden. Ein neues Pflänzchen ist entstanden.

wie Glockenblumen, Akelei und Heliotrop, auch wenn sie weniger duftend sind. Es ist ja nur vorübergehend.

Duftpflanzen selbst vermehren

Ist Ihr Duftgarten erst einmal eingewachsen, können Sie auch selbst ohne große Mühe für **Nachschub** sorgen. Die Nachtviole beispielsweise sät sich selbst aus, wenn Sie die Blüten des Spätsommers nicht abschneiden.

An den Stellen, wo die kleinen Pflänzchen unerwünscht sind, entfernen Sie sie einfach und schenken sie Nachbarn.

Ich habe jedes Jahr neue Nachtviolen im Garten, oft an Plätzen, die geradezu ideal sind – die ich aber nie gewählt hätte.

Die **Fruchtstände** der Königslilie sehen im September, Oktober sehr dekorativ aus. Sobald sie anfangen aufzuplatzen, heißt es Acht geben. Hier lohnt es sich, die **Samen** einzusammeln und die dünnen, hellbraunen Plättchen frisch in Kästen auszusäen. Man kann übrigens mit bloßem Auge an dem feinen, dunklen »Komma« erkennen, ob der Samen keimfähig ist. Es braucht zwar etwas Geduld, aber nach drei Jahren können Sie bereits selbst gezogene Lilien mit überwältigendem Duft haben. Vielleicht sogar eine neue, ganz tolle Sorte – es ist ein richtiges Abenteuer, aufregend und spannend. Genauso kann dies auch bei anderen Arten gelingen.

Nachwuchs aus Stecklingen

Aber auch die Vermehrung durch **Stecklinge** ist kein Brief mit sieben Siegeln. Bei der Orangenblume und dem Winterblühenden Geißblatt ist es ganz leicht. In der Bildserie auf Seite 72 wird gezeigt, wie es geht:

■ Cloches bieten nicht nur einen Kälteschutz, sie sind auch eine Augenweide.

Tipp

Wird es sehr kalt, bieten »Cloches« einen zusätzlichen Schutz. Das sind Glocken aus klarem Kunststoff, die über die Pflanze gestülpt und mit Haken am Boden befestigt werden. Man kann sie noch mit Laub, Holzwolle oder Noppenfolie ausstopfen. Ideal sind solche Cloches auch für Kletterpflanzen. Friert der obere Teil im Winter zurück, kann die Pflanze aus dem so geschützten Wurzelbereich im Frühling neu austreiben.

1 15–20 cm lange Triebe, die in diesem Jahr gewachsen sind und keine Blüten tragen, werden im Sommer abgeschnitten. Bei der Orangenblume ist August der beste Zeitpunkt, beim Geißblatt Juni.

2 Die unteren Blätter werden vorsichtig mit der Hand entfernt, die obersten eventuell eingekürzt. Nun kommt der Steckling in eine möglichst dunkle Flasche mit Wasser und wird hell, aber nicht sonnig gestellt. Wichtig ist, dass er Bodenwärme hat.

3 Schon nach ca. 6 Wochen haben sich die ersten Würzelchen gebildet. Achten Sie darauf, dass der Stängel immer Wasserkontakt hat.

4 Nach weiteren 4 Wochen sind die Wurzeln kräftig genug, um in ein Töpfchen mit ungedüngter Erde gepflanzt zu werden. Bodenwärme ist jetzt nicht mehr erforderlich, aber Frost können sie noch nicht vertragen. Nun heißt es wachsen. Das wird im Winter langsamer, im kommenden Frühling umso rasanter vonstatten gehen. Jetzt können Sie auch etwas düngen und in einer geschützten Gegend schon im selben Jahr auspflanzen, ansonsten ist es besser, bis zum nächsten Jahr zu warten.

Winterschutz

Bei allen jungen Pflanzen, nicht nur den duftenden, ist ein **Winterschutz** erforderlich. Man weiß ja nie, wie hart Väterchen Frost zuschlägt. Eine wärmende Laubschicht über dem Wurzelbereich, Tannenzweige darüber gelegt und eventuell auch wie ein Zelt um die Pflanze gestellt, werden dafür sorgen, dass kein Frostschaden entsteht.

Wie schade wäre es, wenn eine Duftpflanze erfrieren würde, nur weil uns das bisschen Arbeit zu viel war und wir nicht daran gedacht haben, dass Pflanzen auch Lebewesen sind..

❚ Das muntere Treiben an der Tränke lockt Vögel in den Garten, wo sie sich als Nützlinge betätigen.

❚ Das Entfernen verwelkter Blüten spornt Rosen an, immer wieder zu blühen.

Düngen und gesund erhalten

Auch ein Zuviel an **Dünger** kann die Qualität des Duftes beeinträchtigen und den Duft sogar völlig verändern. Überhaupt, vermeiden Sie möglichst jede Art von Chemie und pflanzen Sie eine große Arten-vielflat in Ihrem Garten. Wenn Sie jedem Läuschen gleich mit der Giftspritze begegnen, werden Sie eine andere Art von Duftgarten haben. Viel besser ist es, dafür zu sorgen, dass die Pflanzen kräftig und gesund sind, dass sie sich an ihrem Standort wohl fühlen und sich artgerecht entwickeln können.

Ich habe bei meinen Vorschlägen darauf geachtet, dass Sorten unterschiedlicher Gattungen gepflanzt werden. Sie entnehmen dem Boden unterschiedliche Nährstoffe und fügen ihm auch wieder unterschied-liche Stoffe zu. Dadurch entsteht ein Gleichgewicht im Boden, das die Pflanzen üppig wachsen, blühen und duften lässt.

Blütenschnitt

Je mehr Blüten die Pflanzen hervorbringen, desto mehr Duft ist auch vorhanden. Wenn Sie bei Stauden wie Phlox oder Nachtviole **das Verblühte abschneiden** (bis zu dem Blatt, an dem schon wieder ein neuer Aus-trieb sichtbar ist), werden Sie sich den ganzen Sommer über an Blüten erfreuen können. Das gilt ganz beson-ders auch für öfter blühende Rosen wie 'Buff Beauty', 'Glamis Castle', 'Mme Isaac Pereire' oder 'Graham Thomas'. Sie können nur öfterblühen und duften, wenn ihre verwelkten Blüten entfernt wurden. Sonst bilden einige, wie 'Blanc Double de Coubert', Hage-butten. Die sind zwar auch schön, aber man kann bis zum Herbst damit warten.

Ich lasse die Blüten des Spätsommers stehen und freue mich an dem Fruchtschmuck bis in den Winter hinein – solange jedenfalls die Vögel etwas davon übrig lassen.

▋ Um sich an Hagebutten zu erfreuen, muss man bei ungefüllten Rosen die letzten Blüten stehen lassen.

Tipp

Jedes Rezept, auch ein »Gartenrezept«, ist ein Vorschlag. Haben Sie jedoch den Mut, etwas zu ändern, was Ihnen nicht gefällt – Pflanzen zu entfernen oder zuzu-fügen. So wird es Ihr ganz persönlicher Duft-garten. Experimentieren Sie, es ist kein Drama, wenn einmal etwas danebengeht oder wenn sich eine Pflanze verabschiedet. »Große Gartenfreunde werden gemacht, nicht geboren. Denken Sie daran: es ist noch kein Meister vom Himmel gefallen. «

Pflanzen-Porträts

Damit die Qual der Wahl
zum Vergnügen wird:
eine Auswahl der schönsten Duftpflanzen,
von Azalee bis Zitrone.

Duftpflanzen-Vielfalt

Die Palette der Düfte ist faszinierend: fruchtig bei der Orangenblume, nach Vanille und Honig bei Glyzine und Madonnenlilie, nach Gewürznelken bei der Nachtviole und natürlich die **Rosen** mit ihrem typischen, nostalgischen, unvergleichlichen Duft – wenn sie ihn haben. Das ist leider nicht selbstverständlich. Längst nicht alle Rosen duften (obwohl sie es meiner Meinung nach sollten). Deshalb kommt es sehr auf die Art und besonders auf die Sorte an – die sogenannten Englischen Rosen duften z. B. fast alle, die Floribunda-Rosen fast alle nicht.

Das gilt auch für die anderen Pflanzengruppen: bei den **Stauden** sind duftende Funkien die Ausnahme, bei den Wicken kommt es auf die Art *L. odoratus* an und dann noch auf bestimmte Sorten. Die Nachtviole dagegen kann gar nicht anders als duften.

Sieht man einmal von den Lilien ab, wird man es bei den **Zwiebelblumen** am schwersten haben, duftende Sorten zu finden. Die Suche jedoch lohnt sich: es gibt inzwischen herrlich duftende Narzissen und Tulpen.

Auch **Gehölze** und **Kletterpflanzen** haben ihre Duftexperten und genauso schön aussehende Vertreter, die meinen, sie hätten es nicht nötig, zu duften.

Verwirrend? Nur auf den ersten Blick. Diese Auswahl wird Ihnen helfen, ein duftendes Paradies zu schaffen.

Stauden und Sommerblumen

Zwerg-Wermut
Artemisia schmidtiana 'Nana'
Das filigrane Laub mit dichter, silbriger, samtiger Behaarung duftet würzig nach Zitrone. Die hübschen kleinen Polster sind sehr dekorativ, auch im Winter: ob im Steingarten oder im Pflanzgefäß.

Taglilie
Hemerocallis-Arten und -Hybriden
Die Blüten dieser Staude halten nur einen Tag, aber die Pflanze bringt unermüdlich neue hervor. Die Düfte reichen von honigartig, wie bei der fast weißen 'Gentle Shepherd', bis zu zitronig, wie bei *H. citrina*.

Nachtviole

Hesperis matronalis 'Alba'

Aromatisch nach Gewürznelken duften die Blüten dieser Sommerblume, besonders abends. Ob in Violett oder Weiß, ob einfach oder gefüllt, wird sie sich nur an einem sonnigen Platz im Garten wohl fühlen.

Funkie, Hosta

Hosta-Arten und -Sorten

Mit ihrem himmlischen Lilienduft, den reinweißen, trompetenförmigen Blüten von August bis September und dem leuchtend hellgrünen Laub ist 'Royal Standard' eine Staude für einen sonnigen Platz.

Duftwicke

Lathyrus odoratus

Sie blühen und duften nur einen Sommer lang, jedoch in einer Fülle von Farben. Leider ist der Duft heute nicht mehr selbstverständlich. Achten Sie auf alte Sorten wie 'Apple Blossom' oder 'Noel Sutton'.

Lavendel

Lavandula angustifolia

Nicht nur die Blüten duften, auch das Laub. Es hat eine etwas würzigere Note. Lavendel ist in voller Sonne anspruchslos, sollte jedoch im Frühling stark zurückgeschnitten werden.

Duftsteinrich

Lobularia maritima

Herrlich süßer Honigduft und winzige reinweiße Blütchen von Juni bis zum ersten Frost empfehlen diese Pflanze. Eine Sommerblume, die sich gern aussät. Ideal als Randbepflanzung auf einem Hochbeet.

Levkoje

Matthiola incana

Exotisch nach Gewürznelken duftet diese Sommerblume bis in den Abend hinein. Voraussetzung ist ein warmer, geschützter Platz. Gefüllte Sorten sind besonders schön.

Indianernessel

Monarda-Hybriden

Mit ihren intensiv orangenähnlich duftenden Blättern und den interessanten Blütenköpfen ist diese Bergamotte-Staude mit ihrer langen Blütezeit auch für Bienen attraktiv. Ideal für naturnahe Gestaltungen.

Elfenspiegel

Nemesia-Hybriden

Ein süßer, blumiger Duft hält sich von Mai bis zum ersten Frost. Ideal als Randbepflanzung einer Rabatte und für jeden Balkonkasten ein Gewinn. Versuchen Sie, die Sorte 'Fragrant Cloud' zu bekommen.

Zwerg-Oregano

Origanum vulgare 'Compactum'
Süß und pfeffrig duften Blätter und Blüten. Ein Eldo-
rado für Bienen und ein Genuss für uns. Lilarosa leuchten die Blütchen. Bildet hübsche Kissen, von niedri-
gem, kompaktem Wuchs, Höhe ca. 15 cm.

Duft-Pelargonie

Pelargonium × graveolens, Pelargonium-Sorten
Das Laub duftet je nach Art und Sorte nach Rose,
Orange, Minze, selbst Schokolade. Der Standort sollte
hell, sonnig, luftig und frostfrei sein. Die kleinen
Blütchen, durchaus reizvoll, spielen kaum eine Rolle.

Staudenphlox

Phlox paniculata
Wahre Blütenpyramiden in den verschiedensten Farben
mit aromatisch süßem Duft – eine Staude, der ein
Sonnenplätzchen gebührt. Sie verlängern die Blütezeit,
indem Sie Verwelktes ausschneiden.

Gartensalbei

Salvia officinalis
Graugrüne, bei manchen Sorten marmorierte, samtige
Blätter von typischem Duft schmücken den immer-
grünen Halbstrauch. Sehr hübsch im Kräuterbeet, im
Topf oder auch in der Rabatte.

Bergbohnenkraut

Satureja montana

Aromatisch und würzig duften die winzigen Blätter – ein Genuss in einer Duftrabatte, besonders zwischen Rosen. Durch den überhängenden Wuchs auch eine schöne Randbepflanzung an Wegen.

Duftveilchen

Viola odorata

Samtig violette Blüten von unvergleichlichem Duft. Der nostalgisch grazile Frühlingsbote passt in den Vordergrund von Rabatten, in Hochbeete, Töpfe und in kleine Sträuße.

Zwiebelblumen

Maiglöckchen

Convallaria majalis

Schneeweiße, wachsartige Blütenglocken von betörendem Duft im Mai. Als Bodendecker im lichten Schatten von Bäumen und größeren Sträuchern wirkt es am besten. Achtung: Die roten Beeren sind giftig.

Schneeglöckchen

Galanthus nivalis 'S. Arnott'

Wer kennt die Frühblüher nicht? Und es gibt duftende Sorten. 'S. Arnott', große Blüten mit dunkelgrünen Markierungen und deutlichem Honigduft, *G. elwesii* große Blüten, mit kräftiger Zeichnung und leichtem Duft.

Sommerhyazinthe

Galtonia candicans

Von Juli bis September erscheinen weiße Blütenglocken in lockeren Trauben an einem Stängel von 1 m Höhe. Der leichte, warme, süße Duft kommt bei einer Gruppenbepflanzung am besten zur Geltung.

Madonnenlilie

Lilium candidum

Ein intensiver Honigduft entströmt den reinweißen Trichterblüten im Sommer. Als einzige Lilie überwintert sie mit einer dekorativen, hellgrünen Blattrosette. Pflanzzeit der Zwiebeln ist im August.

Großfrüchtige Traubenhyazinthe

Muscari macrocarpum

Gelbe Blütchen mit brauner Spitze brillieren mit einem Duftmix aus Gardenie und Banane. 'Golden Fragrance' ist eine besonders schöne Sorte für Steingärten oder für den Rand einer Rabatte in voller Sonne.

Dichternarzisse

Narcissus poeticus

Wunderbar süß duften die schneeweißen Blüten mit gelber Krone und rotem Rand. Sie bestechen durch schlichte Eleganz und wirken am hübschesten in dichten Tuffs gepflanzt.

Gehölze

Tulpe 'Peach Blossom'
Tulipa-Hybride
Duftende Tulpen? Die zartrosa 'Peach Blossom' duftet süß. Auch die weiße 'Cardinal Mindszenty' und die lustig rot-weiß geflammte 'Estella Rijnveld' duften an warmen Frühlingstagen.

Engelstrompete
Brugmansia × candida
Wunderbar nach Lilien duften die weißen, gefüllten Blüten der Sorte 'Knightii' (wird auch *B. arborea* genannt). Eine der schönsten Exoten für einen großen Topf. Sie braucht sehr viel Wasser und einen geschützten Platz.

Buchsbaum
Buxus sempervirens
Die winzigen, unscheinbaren Blütchen haben für feine Nasen einen Veilchenduft. Buchs bringt Ruhe in den Garten, ob als Kugel oder Kegel geschnitten – oder auch als niedrige Einfassung.

Orangenblume
Choisya ternata
Zu jeder Jahreszeit ein Gewinn für den Garten. Ein immergrüner, dekorativer Strauch mit attraktivem, glänzendem Laub, das genau wie die weißen Blüten nach Orangen duftet, nur etwas würziger.

Zitrone

Citrus limon

Der Duft des Südens steckt in den kleinen, weißen Blüten und saftigen Früchten. Die Sorte 'Quattro Stagioni' blüht und fruchtet das ganze Jahr über. Am besten als Solitär in einem schönen Terrakottatopf.

Scheineller, Zimterle

Clethra alnifolia

Kleine, süß würzig duftende, cremeweiße Glöckchen erscheinen an langen, aufrechten Rispen von Juli bis September. Ein Strauch für Halbschatten, leicht sauren und feuchten Boden.

Federbuschstrauch

Fothergilla gardenii

Der weiche Honigduft stammt von den Flaschenbürsten ähnlichen Blütenständen. Wunderschöne und lange anhaltende Herbstfärbung von Rot über Orange bis Sattgelb. Braucht sauren Boden.

Lorbeer

Laurus nobilis

Der immergrüne, kleine Baum hat aromatisch duftende, mattgrüne Blätter und kleine schwarze Beeren. Besonders schön als Hochstamm in einem großen, schlichten Tontopf. Im Winter hereinholen.

Grönländischer Porst

Ledum groenlandicum

Ein Kleinod im Moorbeet mit aromatisch duftendem Laub und dichten Blütenbüscheln. Immergrün und sehr winterhart. Die Sorte 'Compactum' wird 45 cm hoch und blüht sehr üppig.

Falscher Jasmin, Pfeifenstrauch

Philadelphus-Hybride

Die Sorte 'Manteau d'Hermine' ist für mich die schönste. Reinweiße, gefüllte, nach reifen Orangen duftende Blüten erscheinen im Juni. Niedriger, kompakter Wuchs bis 1 m Höhe.

Knap-Hill-Azalee

Rhododendron 'Raimunde'

Der kräftige Rosaton und der blumige Duft im Frühsommer sind etwas Besonderes. Diese sommergrüne Azalee von enormer Blütenfülle wird 1,50 m hoch und genauso breit. Sie ist sehr winterhart.

Duftende Azalee

Rhododendron 'White Lights'

Reinweiße, an den Außenseiten zärtlich rosa getönte Blüten erscheinen zwischen Mai und Juni und duften intensiv süß. Die Pflanze ist extrem winterhart, zeigt lockeren Wuchs und eine dunkelrote Herbstfärbung.

Rosmarin

Rosmarinus officinalis

Lederartige, schmale Blätter tragen den typischen, aromatischen Duft. Für einen schönen Terrakottatopf, für den Kräutergarten, als niedrige Einfassung oder entlang eines sonnigen Weges. Nur für wintermilde Gegenden.

Fleischbeere

Sarcococca hookeriana var. *humilis*

Ein überwältigender Honigduft entströmt winzig kleinen Blüten – und das mitten im Winter. Der immergrüne, kleine Strauch wächst kugelig und braucht keinen Schnitt. Völlig winterhart.

Kletterpflanzen

Duft-Schneeball

Viburnum × burkwoodii

Aromatischer Gewürznelkenduft, weiße Blütenbälle, dunkelgrünes Laub, wintergrün, lockerer Wuchs – das zeichnet die Sorte 'Anne Russell' aus. Wunderschön als Hintergrund einer Rabatte.

Immergrüne Waldrebe, Clematis

Clematis armandii

Intensiv nach Bittermandeln duften die cremeweißen Blütensterne im März. Immergrünes, attraktives Laub. Ein geschützter, sonniger Standort und Winterschutz sind Voraussetzung.

Rispenblütige Waldrebe, Clematis

Clematis terniflora (Syn. *C. maximowicziana*)
Eine Blütezeit – und damit verbunden ein deutlicher
Honigduft – vom Spätsommer bis zum Herbst. Bis 4 m
hoch, winterhart, sehr gesund. Südlage und eine Kletterhilfe sind erforderlich.

Mandel-Waldrebe, Clematis

Clematis × triternata 'Rubromarginata'
Vanilleduft bringen die kleinen, lila-weißen Sternchen in
den spätsommerlichen Garten. Jeder Standort ist geeignet, nur nicht zu schattig. Traumhaft schön zusammen
mit der Rose 'Rambling Rector'.

Italienische Waldrebe, Clematis

***Clematis*-Viticella-Hybriden**
Die zierliche Sorte 'Betty Corning' entfaltet ihren Jasminduft besonders an einem sonnigen Platz. An einer
warmen Mauer gezogen fühlt sie sich wohl und ist sehr
winterhart.

Wald-Geißblatt

Lonicera periclymenum
An einem lauen Sommerabend ist der Honigduft am
intensivsten. Im Verblühen werden die Blüten gelb,
danach kommen leuchtend rote Beeren. Bis 6 m hoch
und doch für einen Topf geeignet.

Winterblühendes Geißblatt

Lonicera × purpusii 'Winter Beauty'
Kaum zu glauben: ein herrlicher Veilchenduft mitten im
Winter. Schön an einem Spalier in der Nähe eines
Fensters. Ihr mattgrünes Laub ist das ganze Jahr über
eine Zierde. Halbimmergrün, ca. 2 m.

Blauregen, Glyzine

Wisteria brachybotrys 'Shiro-kapitan'
Weicher Vanilleduft im Mai. Die kurzen, dichten, weißen
Blütentrauben sind gelegentlich gefüllt. Knorriger, attrak-
tiver Wuchs. Für Obelisken, über Bögen und Geländer.
Lässt sich als Hochstamm ziehen.

Rosen

Rugosa-Rose

Rosa 'Blanc Double de Coubert'
Wunderbar würzig und süß duftende, reinweiße, halb-
gefüllte Blüten erscheinen bis in den Herbst hinein.
Schönes gesundes Laub und dekorative Hagebutten.
Völlig problemlos und leicht zu kultivieren.

Moschata-Hybride

Rosa 'Buff Beauty'
Aprikosengelbe, halbgefüllte bis gefüllte Blüten mit Teerosenduft zeigen sich von Juni bis zum Herbst. Schönes Laub, erst bronzefarben, dann grün. Eine Moschata-Hybride, die sich über einen Winterschutz freut.

Damascena-Rose

Rosa 'Celsiana'

Kräftiger, intensiver Duft entströmt den großen, halbge-
füllten Blüten in weichem Rosa. Ihr Aussehen erinnert
an zerknitterte Seide und verleiht ihnen etwas Nostalgi-
sches. Höhe ca. 1,50 m, sommerblühend.

Portland-Rose

Rosa 'Comte de Chambord'

Mit ihrem herrlichen Duft und den dicht gefüllten,
geviertelten Blüten in leuchtendem Rosa gehört sie zu
den schönsten Strauchrosen. Sie blüht mit Unterbre-
chungen viele Monate hindurch.

Englische Rose

Rosa 'Glamis Castle'

Eine anmutige, weiße Rose mit großen Blütenschalen
und kräftigem Myrrheduft. Sie wächst niedrig und
buschig und blüht sehr fleißig, wenn Sie das Verwelkte
regelmäßig ausschneiden.

Rubiginosa-Hybride

Rosa 'Manning's Blush'

Eine reich blühende, alte Sorte mit zartrosa, gefüllten,
duftenden Blüten, die auch Halbschatten verträgt. Dichter, buschiger Wuchs bis 1,50 m. Sommerblühend,
remontiert gelegentlich.

Bourbon-Rose
Rosa 'Mme Isaac Pereire'
Mit ihrem köstlichen Himbeerduft ist sie eine der am
intensivsten duftenden Rosen. Riesige Blüten, dunkelrosa, perfekt schattiert mit Magenta, bilden sich unermüdlich bis zum Herbst. Bis 2 m hoch.

Rambler-Rose
Rosa 'New Dawn'
Angenehm duftende, halbgefüllte Blüten von weichem
Blassrosa erscheinen reichlich von Juni bis Oktober. Ein
idealer kleiner Rambler für ein Spalier oder einen
Rosenbogen.

Rambler-Rose
Rosa 'Rambling Rector'
Nach Moschus duften die kleinen, weißen, halbgefüll-
ten Blütchen. Die Hagebutten sind eine Zierde für sich.
Für mich der anmutigste aller Rambler. Großartig in
einem alten Obstbaum oder über einer Hecke.

Moschus-Rose
Rosa moschata
Der süße, wunderbare Moschusduft entströmt mehr
den Staubgefäßen als den einfachen, weißen Blüten
von schlichter Eleganz. Sie fängt erst im August an zu
blühen und hört erst im Herbst damit auf.

Adressen, die Ihnen weiterhelfen

Gärtnereien mit speziellem Duftpflanzen-Sortiment

Staudengärtnerei
Dieter GAISSMAYER
Jungviehweide 3,
89257 Illertissen
Tel. 0 73 03/72 58
www.gaissmayer.de
(Herrliche Duft- und
Aromapflanzen,
liebevoller Katalog)

Baumschulen
H. HACHMANN
Brunnenstr. 68,
25355 Barmstedt
in Holstein
Tel. 0 41 23/20 55
www.hachmann.de
(Duftende Azaleen,
Rhododendren und andere Moorbeetpflanzen.
Großer Schaugarten)

Albrecht HOCH
Potsdamer Str. 40,
14163 Berlin
Tel. 0 30/8 02 62 51
www.albrechthoch.de
(Pflanzenspezialitäten,
besonders Blumenzwiebeln)

Baumschulen HUBEN
Schriesheimer Fußweg 7,
68526 Ladenburg
Tel. 0 62 03/92 80-0
www.huben.de
(Großes Sortiment an
Duftpflanzen, Rosen –
auch Alte Rosen und Englische Rosen – und exotischen Kübelpflanzen)

KAYSER & SEIBERT
Wilhelm-Leuschner-Str. 85
64373 Roßdorf (bei
Darmstadt)
Tel. 0 61 54/90 68
www.kayser-und-seibert.de
(Stauden, Blumenzwiebeln Schneeglöckchen 'S. Arnott')

Friesland Staudengarten
Uwe KNÖPNADEL
Husumer Weg 16
26441 Jever-Rahrdum
Tel. 0 44 61/37 63
www.gartenschaetze.de
(Seltene Stauden,
Kletterpflanzen und
Blumenzwiebeln)

Versand-Gärtnerei
RÜHLEMANN'S
Kräuter und Duftpflanzen
Auf dem Berg 2
27367 Horstedt/ROW
Tel. 0 42 88/92 85 58
www.kraeuter-und-duftpflanzen.de
(Pflanzen und Saatgut,
Online-Bestell-Katalog)

ROSEN VON SCHULTHEIS
Rosenhof
61231 Bad Nauheim-Steinfurth
Tel. 0 60 32/9 25 28-0
www.rosenhof-schultheis.de
(Älteste deutsche Rosenschule, alle Gruppen von
Rosen, insbesondere
historische Rosen und
Rambler)

SYRINGA Duftpflanzen
und Kräuter, B. Dittrich
Bachstraße 7 (Büro),
Untere Gräben (Gärtnerei)
78245 Hilzingen-Binningen (bei Singen)
Tel. 0 77 39/14 52
www.syringa-pflanzen.de
(Spezialisiert auf Duftpflanzen. Ausgezeichneter
Katalog, Schaugarten.)

VIERLÄNDER ROSENHOF
Jan D. Janßen
Kirchwerder Hausdeich 182
21037 Hamburg
Tel. 0 40/72 37 07 63
www.vierlaender-rosenhof.de
(Hervorragendes Angebot
an Duftrosen)

F. M. WESTPHAL
Clematiskulturen
Peiner Hof 7,
25497 Prisdorf
Tel. 0 41 01/7 41 04
www.clematis-westphal.de
(Duftende Clematis. Ausgezeichneter Farbkatalog)

SCHWEIZ

Baumschule Eisenhut
CH 6575 San Nazzaro/
Tessin, Schweiz
Tel. 00 41/91/7 95 18 67
www.eisenhut.ch
(Überwältigendes
Angebot an Glyzinen
und Zitruspflanzen)

Stichwortverzeichnis

Bildnachweis

A.Barra/Wikimedia.org: 90ur
Borstell: 7, 12, 20, 28, 32, 64, 68, 70l, 70r, 79ul, 79ur, 81ol, 82ol, 82or, 83ur, 84ul, 84ur, 85ul, 88or, 88ur, 89ol, 90or, 90ul
Flora Press/Nova Photo Graphik: 88ul
Flora Press/The Garden Collection/Jonathan Buckley: 56
Flora Press/The Garden Collection/Torie Chugg: 83ul
GBA/Didillon: 4ul, 24
Hachmann Baumschule, Barmstedt: 86ul, 86ur
Hagen: 78l, 87or
Mauritius/AGE: 60
Omika/Fotolia.com: 82ul
Redeleit: 74r
Reinhard: 6, 73, 75, 78r, 79ol, 80ur, 81or, 85or, 85ur, 86ol, 87ol, 89ur, 91ol
Rosenhof Schultheis: 91ur
Seidl: 48, 52, 81ul, 82ur, 83or, 84or, 91or
Strauß: 2/3, 4ur, 8, 16, 36, 40, 44, 66, 76, 80ul, 83ol, 84ol, 86or, 87ul, 89ul
Urban: 4ol, 4um, 4or, 69, 70ul, 70ur, 71ul, 71ur, 72, 74l, 79or, 80ol, 80or, 81ur, 85ol
87ur, 88ol, 89or, 90ol, 91ul
Viktoria p./Fotolia.com: 1

Grafiken:
Alle Grafiken von Sabine Weber, außer:
S. 34, 35, 54, 55: Sylvia Bespaluk

Über die Autorin

Helga Urban ist passionierte Gärtnerin, Gartenberaterin und Autorin von Gartenbüchern. Sie ist seit vielen Jahren ehrenamtliche Mitarbeiterin des Frankfurter Palmengartens. Der eigene Garten ist ihre Leidenschaft – ein kleiner Stadtgarten, ganz in Weiß gestaltet. In ihm kultiviert sie exquisite Pflanzen, darunter viele duftende Raritäten. Ihre Erfahrungen gibt sie in Büchern, Führungen und Vorträgen weiter.

Impressum

**Information der
Deutschen Nationalbibliothek**

Die Deutsche Nationalbibliothek verzeichnet diese Publikation in der Deutschen Nationalbibliografie; detaillierte bibliografische Daten sind im Internet über http://dnb.d-nb.de abrufbar.

Erweiterte und völlig überarbeitete Neuausgabe des gleichnamigen Titels aus der Reihe »Garten-Rezepte«

 BLV Buchverlag GmbH & Co. KG

80797 München

© 2013 BLV Buchverlag GmbH & Co. KG, München

Das Werk einschließlich aller seiner Teile ist urheberrechtlich geschützt. Jede Verwertung außerhalb der engen Grenzen des Urheberrechtsgesetzes ist ohne Zustimmung des Verlags unzulässig und strafbar. Das gilt insbesondere für Vervielfältigungen, Übersetzungen, Mikroverfilmungen und die Einspeicherung und Verarbeitung in elektronischen Systemen.

Umschlagkonzeption: Kochan & Partner
Umschlagfotos:
Titelbild: GAP Photos/Pernilla Bergdahl
Rückseite: Sylvia Bespaluk

Programmleitung Garten: Dr. Thomas Hagen
Lektorat: Ute Bauer
Lektoratsassistenz: Janina Beckmann
Herstellung: Angelika Tröger
Layoutkonzept Innenteil: griesbeck design, Dorothee Griesbeck, München
DTP: Uhl + Massopust GmbH, Aalen

Gedruckt auf chlorfrei gebleichtem Papier
Printed in Germany

ISBN 978-3-8354-1144-9

Hinweis
Das vorliegende Buch wurde sorgfältig erarbeitet. Dennoch erfolgen alle Angaben ohne Gewähr. Weder Autorin noch Verlag können für eventuelle Nachteile oder Schäden, die aus den im Buch vorgestellten Informationen resultieren, eine Haftung übernehmen.

Der Charme des Südens für den eigenen Garten

Michael Breckwoldt/Ferdinand Graf von Luckner
Lavendel
Ein Lavendel-Traum in völlig neuen Farbnuancen: das bezaubernde Geschenkbuch mit stimmungsvollen Fotos von Ferdinand Graf von Luckner · Im Porträt: das Lavendel-Sortiment für Garten und Topf · Lavendel in Haus und Küche – mit Rezepten · Exklusiv und brandaktuell: Downderry-Lavendel aus England.
ISBN 978-3-8354-1019-0

www.blv.de